Die Medienwissenschaft ist ein relativ junges Fach und hat daher kaum ihre Grundvorstellungen formuliert. Hartmut Winkler nimmt ihre wichtigsten Modelle und Begriffe auf und stellt sie in pluralistischer, aber zusammenhängender Form dar. Ausgehend von sieben Basisdefinitionen führt er knapp und anschaulich in die Medienwissenschaft ein. Ein umfangreicher Index macht das Buch gleichzeitig zu einem Nachschlagewerk für Schüler und Studierende.

Hartmut Winkler, geboren 1953, ist seit 1999 Professor für Medienwissenschaft, Medientheorie und Medienkultur an der Universität Paderborn. Zuletzt ist von ihm erschienen: *Docuverse – Zur Medientheorie der Computer* (1997), und *Diskursökonomie: Versuch über die innere Ökonomie der Medien* (2004).
www.uni-paderborn.de/~winkler

Unsere Adressen im Internet:
www.fischerverlage.de, www.hochschule.fischerverlage.de

■ Hartmut Winkler ■ ■ **Basiswissen Medien**

Fischer Taschenbuch Verlag

Originalausgabe
Veröffentlicht im Fischer Taschenbuch Verlag,
einem Unternehmen der S. Fischer Verlag GmbH,
Frankfurt am Main, Februar 2008

© 2008 Fischer Taschenbuchverlag in der
S. Fischer Verlag GmbH, Frankfurt am Main
Satz: Pinkuin Satz und Datentechnik, Berlin
Druck und Bindung: C. H. Beck, Nördlingen
Printed in Germany
ISBN 978-3-596-17811-7

Inhalt

Was ist denn nun eigentlich ein Medium? Was muss man über Medien wissen? Gibt es so etwas wie ein *Basiswissen*, das die Medienwissenschaften als Fach vom Alltagswissen unterscheidet? Was kann man über Medien allgemein – nicht also über einzelne Medien – sagen?

Da die Medienwissenschaft ein relativ junges Fach ist, ist ein verbindlicher Bestand solcher Grundvorstellungen noch kaum formuliert. Und vor allem gibt es keinen Konsens: Wie in allen jungen Fächern wird um die theoretische Basis durchaus gestritten. Von wenigen Klassikern abgesehen scheint es auf den ersten Blick kaum mehr als unterschiedliche Perspektiven zu geben.

Was das Fach allerdings vorzuweisen hat, ist eine große Zahl sehr interessanter *Einzelmodelle*. Da diese in den unterschiedlichsten Kontexten entwickelt worden sind, fallen auch sie weit auseinander. Das aber kann durchaus einen theoretischen Reichtum bedeuten; und es zeigt an, dass der Medienbegriff vielfältige innere Spannungen enthält.

Das erste Ziel des vorliegenden Buches ist es, von diesen Einzelmodellen und -begriffen möglichst viele aufzugreifen und in einer undogmatisch-pluralistischen Form darzustellen. Um den Mosaik-Charakter zu betonen, geht das Buch in Modulen vor: Pro Seite wird genau ein Modell, ein Stichwort oder ein Gedanke andiskutiert.

Perspektive

Dem Streit der Meinungen allerdings kann sich auch ein solches Mosaik nicht entziehen.

Die Perspektive der Darstellung ist deshalb relativ deutlich und entschieden gewählt: Das Buch macht einen eigenen Vorschlag, wie die Modelle zu gruppieren und zu bewerten sind und welche Bestimmungen ins definitorische Zentrum rücken. Diese Perspektive ist mir wichtiger als das reine Referat; das Buch will gerade Anfängern des Fachs eine *Orientierung* bieten. Und hierzu gehört, bestimmten Auffassungen, auch wenn sie sehr populär sind, gezielt entgegenzutreten.

Mein Text hat verschiedene Quellen: Wenn es sich um die These eines einzelnen Autors handelt, ist der Name angegeben. Die meisten Inhalte allerdings – wie könnte es in einem ›Basiswissen‹-Buch anders sein – sind *Gemeingut des Fachs*; diese Inhalte sind durch viele Hände gegangen und deshalb nicht mit einzelnen Namen verbunden. Zum dritten gibt es auch eigene, selbst entwickelte Teile.

Um das Material zu ordnen, werden zu jedem Modul drei Zusatzinformationen gegeben:

- Ein Relevanz-Indikator zeigt an, ob es sich – aus meiner Sicht – um ein zentrales oder um ein eher randständiges Modul handelt (›R‹, ■ bis ■ ■ ■ ■).
- Wichtiger ist der zweite Wert. Er besagt, inwieweit der Inhalt des Moduls *Konsens innerhalb der wissenschaftlichen Community* ist (›K‹, ■ bis ■ ■ ■ ■).
  Da dies der Autor selbst schwer einschätzen kann, haben diesen Wert zwei externe Fachkollegen (Prof. Dr. Lorenz Engell, Bauhaus-Universität Weimar, und Prof. Dr. Claus Pias, Universität Wien) vergeben. (Herzlichen Dank dafür.)
- Außerdem gibt es eine *Fastlane* für eilige Leser (›FL‹).

Hat ein Modul einen hohen Relevanz- und einen niedrigen Konsenswert, ist es deshalb nicht irrelevant. Vielmehr zeigt dies an, dass das Modul *perspektivisch* ist.

Assoziationsraum

Und schließlich geht es mir darum, den Assoziationsraum rund um die Medien möglichst weit offenzuhalten. Medien sind ein äußerst suggestiver Gegenstand, voll von Widersprüchen, Einzelfällen und Kuriositäten.

Theorie kann, gerade wo sie in Modellen und Abstraktionen vorgeht, diesen Raum leicht verstellen. Es droht ein Bescheidwissen, das dem Gegenstand völlig unangemessen und in jedem Fall illusorisch wäre.

Theorie aber kann auch *Schlüssel* sein; und gute Theorie sollte neugierig machen.

Was also ist ein Medium?

Als Ausgangspunkt des Buches wähle ich eine erste, grobe Basisdefinition. Sie verläuft über 7 Thesen, die im Folgenden erläutert und ausgebaut werden:

1. ›Kommunikation‹
Medien sind Maschinen der gesellschaftlichen Vernetzung.

2. Symbolischer Charakter
Von anderen Mechanismen gesellschaftlicher Vernetzung – z. B. dem Warentausch, Arbeitsteilung, Politik, Sex oder Gewalt – unterscheiden die Medien sich durch ihren symbolischen Charakter.

3. Technik
Medien sind immer technische Medien.

4. ›Form‹ und ›Inhalt‹
Medien erlegen dem Kommunizierten eine *Form* auf.

5. Medien überwinden Raum und Zeit
Die Überwindung geographischer Distanzen (Telekommunikation) ist für Medien ebenso typisch wie die Überwindung der Zeit, also der Aspekt von Speicherung und Traditionsbildung.

6. Zeichen und Code
Medien sind Zeichenmaschinen und arbeiten mit Codes.

7. Medien sind unsichtbar
Je selbstverständlicher wir Medien benutzen, desto mehr haben sie die Tendenz zu verschwinden. Mediennutzung ist weitgehend unbewusst.

Medienwissenschaft

Eine Vorüberlegung:

Der Medienbegriff, wie ihn die Medientheorie fasst, muss sich am Alltagsverständnis orientieren. Er muss in seinem Umfang all das einschließen, was auch die Alltagssprache unter ›den Medien‹ verstünde; und gleichzeitig muss er, will Medienwissenschaft eine Wissenschaft sein, das Alltagsverständnis überschreiten.

In einem ersten Schritt muss der Medienbegriff vor fünf populären Verkürzungen in Schutz genommen werden:

Medium und Botschaft

Die meisten Medientheorien würden die Ebene des Medialen von derjenigen der Medieninhalte (Botschaften, Content) unterscheiden.

So hat vor allem McLuhan die Aufmerksamkeit von den Inhalten, der Botschaft, auf *die Medien* umorientiert.[1] Dies ist verdienstvoll und hat die Medienwissenschaften überhaupt erst möglich gemacht.

Gleichzeitig ist hiermit eine *erste, ernste Verkürzung des Medienbegriffes* verbunden. Häufig nämlich wurde dies missverstanden, so, als müsse man sich *statt* mit Medieninhalten nun mit ›den Medien‹ befassen. Es hat sich eine Art Allergie (oder Arroganz) gegen die Medieninhalte gebildet, die man den Literaturwissenschaften oder der Film- und Fernsehwissenschaft überlässt.

Diese Allergie ist wenig sinnvoll.

Oft genug kann man die Eigenart und die Leistung eines Mediums nur dann ermessen, wenn man sich mit spezifischen Inhalten beschäftigt; so lotet etwa der Experimentalfilm aus, was – jenseits des Mainstreams – die Möglichkeiten, Grenzen und Eigenschaften des Mediums sind.

Die Medien in schlichter Weise ›jenseits der Inhalte‹ gibt es also nicht. Der Medienbegriff muss immer beides umfassen; die Medienwissenschaft hat es grundsätzlich mit beiden Ebenen – *und vor allem: mit ihrer Wechselwirkung* – zu tun.

Medientechnik

Die zweite Verkürzung des Medienbegriffs hängt hiermit zusammen, und gleichzeitig ist sie besonders populär.

Medien werden häufig mit Medientechnik in eins gesetzt.

›Das Fernsehen‹ wird auf die Technik des Fernsehens oder gar den einzelnen Fernseher reduziert. Selbstverständlich ist dies unzureichend. Auf diese Weise werden institutionelle, soziale, zeichentheoretische und viele weitere Aspekte abgeschnitten, die ein alltagssprachlicher Medienbegriff problemlos mit umfasst.

Eine Variante dieser populären Verkürzung ist fast noch populärer: Es wird zwar zugestanden, dass es die anderen Ebenen gibt, die Medientechnik aber wird als das selbstverständliche *Zentrum* jedes sinnvollen Medienverständnisses angesehen.

Auch diese Sicht greift zu kurz. Technik ist Bestandteil aller medialen Prozesse und ein interessanter Gegenstand für die Theorie. Medien ohne Technik gibt es nicht und die Medientheorie muss sich Gedanken machen, auf welche Weise sie die Technik betrachtet. *Kennzeichnend* für das Mediale aber sind die eingesetzten Techniken nicht. Dies wird zu zeigen sein.

Medienpraxen

Die dritte Verkürzung des Medienbegriffs betrifft die Medienpraxen. Gerade wenn nämlich der Medienbegriff auf die ›magischen Kanäle‹ fokussiert wird, werden *Medienpraxen* häufig als sekundär angesehen oder ganz ausgeblendet.

Ein leistungsfähiger Medienbegriff muss auch diese Verkürzung vermeiden und die Medienpraxen systematisch in alle Modelle mit einbeziehen.

Auch hiermit schließt die hier vertretene Konzeption an das Allgemeinverständnis an: Wenn im Alltag von ›dem Internet‹ die Rede ist, ist neben dem Gerätepark, den Protokollen und Standards selbstverständlich auch die Gesamtheit der Internet-*Praxen* gemeint.

Mediengeschichte

Zum vierten wird der Medienbegriff häufig *mediengeschichtlich* be-
schnitten. So wird gesagt, Medien ›im engeren, technischen Sinne‹
gäbe es erst seit Gutenberg oder seit der Fotografie; oder gar: ein
sinnvoller Medienbegriff sei erst ›seit der Digitalisierung überhaupt
denkbar‹.

Diese Verkürzung ist besonders drastisch und in der Sache ver-
zerrend.

Wann Mediengeschichte beginnt, ist sicher eine schwierige Frage.
Wenn der Beginn der Menschheitsgeschichte aber durch *Sprache* und
Werkzeuggebrauch definiert wird, so ist zumindest die Sprache ohne
Zweifel ein Medium. Menschheitsgeschichte und Mediengeschichte
fallen damit zusammen.

Medientheorie muss sich demnach mit *allen* Medien befassen und
ihre Begriffe so wählen, dass sie allen Medien – und gerade den Me-
dienunterschieden – auf möglichst neutrale Weise gerecht wird.

Sprache

(Das Gesagte schließt ein, dass Medientheorie die *Sprache* – als ein besonders ›altes‹ und basales Medium – in prominenter Position einbeziehen muss. Leider ist auch dies keineswegs Konsens, und gerade gegenwartsorientierte Theorien schließen die Sprache häufig als eine Art ›Vorgeschichte‹ aus. Sprache wird als selbstverständlich oder als ›medienhistorisch überwunden‹ betrachtet.

Medienhistorisch überwunden wäre Sprache dann, wenn sie nicht mehr in Gebrauch wäre; und selbst dann hätte Medientheorie sich unter historischem Aspekt mit ihr zu befassen.

Zudem ist die Sprache besser erforscht als die meisten übrigen Medien.)

Einzelmedien

Und schließlich: Wer einen allgemeinen Medienbegriff in den Blick nehmen will, muss sich von der Vorstellung verabschieden, die Einzelmedien – so wie sie sich historisch herausgebildet haben – seien selbstverständlich gegeben.

Aller Augenschein spricht dafür: Bilder scheinen – per se – etwas ›ganz anderes‹ als Texte zu sein; ›das Fernsehen‹ anders als ›der Film‹; und ›das Digitale‹ von allen Vorläufermedien grundsätzlich verschieden.

Die Stabilität der Einzelmedien aber wird überschätzt.

Die Grenzen zwischen ihnen selbst sind theorieabhängig; abhängig davon, welche *Kriterien* man zur Gruppierung der unterschiedlichen Medien verwendet. Im Folgenden werden deshalb immer wieder konkurrierende Kriterien durchgespielt; mit dem Effekt, dass dieselben Medien unter wechselnden Begriffen auftreten und sich immer wieder auf neue Weise gruppieren.

Begrenzung

Die letzte Vorüberlegung funktioniert umgekehrt: Genauso wichtig wie ein undogmatisch-weiter Medienbegriff nämlich ist das Bedürfnis, das Feld der Medien auf plausible Weise zu *begrenzen*.

Auch dies ist keineswegs immer gewährleistet. Wenn McLuhan auch das elektrische Licht unter die Medien rechnet oder Luhmann sagt, die Gesellschaft insgesamt fuße auf ›Kommunikationen‹, so droht jede sinnvolle Grenze niederzubrechen, und der Medienbereich breitet sich über beliebige Flächen aus.

Im Folgenden wird deshalb auch eine Grenzziehung vorgeschlagen. Medientheorie muss auch erklären können, was zu den Medien dazugehört, und was nicht.

1

Kommunikation ist als ein gesellschaftlicher Funktionszusammenhang zu denken, und nicht als eine Tätigkeit zweier Personen.[2]

Nur auf diese Weise kommen die Medien selbst in den Blick. Medien sind immer gesellschaftliche Medien. Dies gilt für die *Netze*, die *Technik* und für die verwendeten *Codes*.

Wenn zwei miteinander sprechen, benutzen sie die Sprache. Die Worte sind nicht ihre Worte. Das heißt: Die Gesellschaft spricht immer mit.

Netzbildung

Medien bilden Netze aus, an die sie die Einzelnen anschließen.

Dies gilt zunächst technisch, in der Geographie des Telephonnetzes, der Rundfunksender und Internetknoten; das tatsächlich etablierte Netz aber ist wesentlich komplexer: die Technik, die Möglichkeit der Teilhabe (Erreichbarkeit) und die tatsächlichen *Akte* der Kommunikation überlagern sich zu einem unübersehbaren Geflecht.

Netzstruktur

Mediennetze bilden Strukturen aus. Sie kennen dichte und weniger dichte Zonen.

Eine Zeit lang war Kuba nur mit einer einzigen Leitung ans Internet angeschlossen.

Traffic

Netze entwickeln sich durch gezielte Investitionen, aber auch in Wechselbeziehung zum Verkehr, der auf den Netzen läuft. Auch Autobahnen baut man dort aus, wo der Verkehr sich häufig staut.

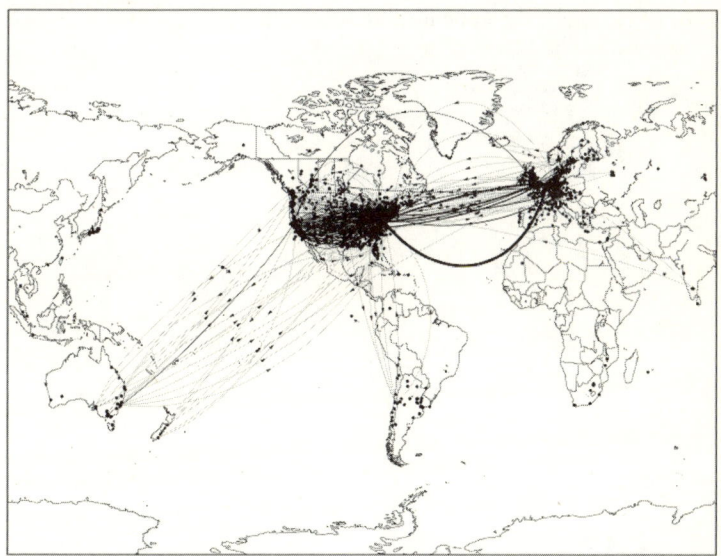

News flow, 1993

andere Netze

Das Autobahnbeispiel zeigt: Die Netze der Medien sind nicht die einzigen Netze.

Das Verkehrsnetz, die Versorgung mit Strom und Gas oder andere Infrastrukturen würde man nicht zu den Medien zählen. Es braucht also ein Kriterium, das die Medien von außermedialen Prozessen trennt. Spezifisch für die Medien ist, dass es *Zeichen* sind, die auf den medialen Netzen laufen.

Mediennetze und andere Netze stehen in enger Verbindung: Das Telegraphennetz etwa hat sich in Wechselbeziehung zur Eisenbahn entwickelt; die Telegraphendrähte folgten den Schienen.

Medien kann man u. a. nach ihrer Vernetzungslogik unterscheiden. Das macht viel Sinn.

one to one	←——→ ——→	Gespräch	Brief	Telefon-gespräch	E-Mail, Chat
one to many		Versamm-lung, Am-phitheater, (Priester)	Buch, Zeitung	Massen-medien, Radio, Fernsehen	Spam
many to one		(Recht-sprechung, Steinigung)	(Delegation, Parlaments-wahl)		Call-in, MUD
many to many		Gruppen-gespräch, (Kulthand-lung), Tanz	Postnetz	Telefonnetz, CB-Funk	WWW
	Mediengeschichte →				

Auffällig ist, dass das gleiche Medium verschiedene Logiken in sich vereinigen kann: Fällt das Telefonnetz unter ›many-to-many‹, so das einzelne Telefongespräch unter ›one-to-one‹. Die Richtfunkstrecke, die einen Radiosender beliefert, wäre ›one-to-one‹, der Sender selbst ›one-to-many‹.

Für die Massenmedien kennzeichnend ist die ›one-to-many‹-Struktur.

Entsprechend gelten die one-to-many-Medien häufig als Manifestation eines Machtverhältnisses und der Zentralisierung. Utopien einer aktiven Massenbeteiligung zielen meist auf eine many-to-many-Struktur ab.

einseitig, zweiseitig

Ebenso ist wichtig, ob es sich um einseitige oder um zweiseitige Kommunikation handelt.

In einem Telefongespräch können Sprecher- und Hörerrolle unkompliziert wechseln, beide Partner sind technisch gleich ausgestattet und prinzipiell gleichberechtigt.

In den traditionellen Massenmedien (Zeitung, Radio, Fernsehen) ist die Kommunikation einseitig. (Und man hat deshalb debattiert, ob ›Kommunikation‹ überhaupt das richtige Wort ist.) Massenmedien haben einen monologischen Charakter. Dies hängt mit ihrer ›one-to-many‹-Struktur zusammen: One-to-many ist nur denkbar, wenn die Rezipienten – abgesehen vielleicht von einem schmalen ›Rückkanal‹ (Leserbrief, E-Mail, Call-in) – *nicht* antworten.

Die Logik der einseitigen Kommunikation hat inzwischen auch die Computer erfasst: Das Protokoll für die breitbandige Internetübertragung (DSL) schreibt fest, dass für den Download 90 % und für den Upload nur 10 % der Bandbreite zur Verfügung stehen.

Produktion, Rezeption

Das Gesagte schließt ein, dass es zwei unterschiedliche Rollen gibt: Man kann als Produzent oder als Rezipient an den Netzen der Medien teilhaben. (Zuschauer, Zuhörer oder ›Empfänger‹ nennt man Rezipienten.)

Einseitige Medien trennen beide Rollen scharf; und es ist immer sinnvoll zu fragen, über welche *Mittel* man verfügen muss, um von der Rezipienten- in die Produzentenrolle zu wechseln. Dies ist in den unterschiedlichen Medien sehr unterschiedlich.

Distribution

Zwischen Produktion und Rezeption – dies wird häufig vergessen – gibt es eine weitere Rolle: die der *Distribution*. Hier kommen die Netze der Medien als *Netze* ins Spiel.

tiv, passiv

Man sollte sich hüten, Medienrezeption vorschnell mit ›Passivität‹ und ›Konsum‹ gleichzusetzen.

Ein Kinozuschauer bewegt sich nicht körperlich. Seine Phantasie aber arbeitet intensiv. Er kann deshalb aktiver sein als jeder Computerspieler am Joystick.[3]

Für Medien ist typisch, dass die Teilhabe an ihren Netzen meist freiwillig ist. Mediengebrauch muss – anders als Arbeit oder Gesetzes-
treue – in den seltensten Fällen angeordnet werden.

Die Gegenargumente allerdings liegen sofort auf der Hand: Pro-
paganda und Werbung sind keineswegs ›freiwillig‹. Zudem setzt die
Beteiligung am gesellschaftlichen Prozess die Teilhabe an sehr vielen
Medien voraus. Kein Telefon oder keinen Fernseher zu haben gilt
als exotisch, und der Freundeskreis zwingt selbst Achtjährige, ein
Handy zu haben. Wenn ich mich weigere zu sprechen, droht mir die
Psychiatrie.

Dennoch ist Freiwilligkeit ein wichtiges Medienkennzeichen. Medien reihen sich ein in eine Gesellschaft, die auf den sanften Zwang
der Freiwilligkeit setzt.

öffentlich und privat

Medien definieren öffentlich und privat.

Medien werden häufig mit *Öffentlichkeit* assoziiert. Das ist plausibel. Allerdings kann man weiter gehen: Denn was öffentlich und privat ist, ist abhängig von der Struktur der Mediennetze selbst, die Grenze beider Bereiche wurde historisch immer wieder neu definiert.

Medien *trennen* öffentlich und privat. Das Private entsteht durch eine Art Grenzziehung; durch eine Unterbrechung im Fluss der Kommunikation; eine kleine Kommunikationsverweigerung, ähnlich wie das Geheimnis. Und Medien *verbinden* beide Sphären, denn selbstverständlich tauschen sich öffentlich und privat aus.

Beispiel sei das Fernsehen: Es verbindet einen zentralen Sender mit der Intimität des einzelnen Wohnraums. Könnte das Fernsehen in diese Räume *hineinsehen*, wäre das Private nicht mehr privat. Die Talkshow und die Pornographie umgekehrt veröffentlichen das bis dahin ›Private‹.

Die klassischen Theorien zur bürgerlichen Öffentlichkeit haben einige Schwierigkeiten, die Rolle z.B. der Massenmedien adäquat zu erfassen.

intersubjektiv

Die Medien sind grundsätzlich und immer intersubjektiv. Sie haben ihren Ort im Raum *zwischen* den Subjekten.

Es gibt keine Privatmedien und keine Privatsprache. Und es gibt keine Subjekte, die nicht in kommunikative Zusammenhänge eingebunden sind.

Gesellschaft und Subjekt

Und noch genereller: Die Struktur der Kommunikationsprozesse bestimmt mit, welche Position der Einzelne in der Gesellschaft ein-
nimmt.

Subjekt und Gesellschaft sind in den unterschiedlichen Phasen der
Geschichte völlig unterschiedlich aufeinander bezogen. Dies ist u. a.
eine Folge unterschiedlicher Medien- und Kommunikationsverhält-
nisse.

Wenn man diese Sicht radikalisiert, ist es eigentlich unsinnig zu
sagen, dass die Kommunizierenden die Medien ›verwenden‹; aus der
Sicht der Medien ist es umgekehrt: Der Einzelne ist eine Filiale der
Kommunikation.

Sozialisation, Lernen

Medien sind eingebunden in den Prozess der Sozialisation, dem die Gesellschaft jeden Neuankömmling unterwirft, um sie und ihn auf den Stand des gesellschaftlichen Funktionierens zu bringen.

Kinder leben zunächst in einer Körperwelt, einer Welt der Praxen, Objekte und Berührungen. Daneben *beobachten* sie; man gibt ihnen Material, Objekte und Bilder.

Ein Jahr lang hört das Kind Sprache (und Musik), ehe es selbst zu *sprechen* beginnt; Sprache ist die wichtigste Medientechnik, der es begegnet, es wird in das bestehende System der Sprache hinein-sozialisiert; das Basiswissen und die Do's und Don'ts werden ihm sprachlich vermittelt. Mit sechs kommen die Kulturtechniken der *Schrift* und der *Zahlen* hinzu; Medientechniken wie DVD-Player und Telefon benutzen Kinder inzwischen mit zwei.

Mit der Rolle der Medien für Lernen und Sozialisation beschäfti-gen sich vor allem Medienpädagogik und Medienpsychologie.

Wissen

Medien werden häufig mit der Kategorie des *Wissens* in Verbindung gebracht. Und gerade jüngere Medientheorien fragen, wie Medien und *Wissensordnungen* sich wechselseitig bedingen.

In der Tat wird ein Großteil der gesellschaftlichen Wissensbestände symbolisch repräsentiert und mit Hilfe von Medien weitergegeben.

Gleichzeitig ist ›Wissen‹ eine eigentümliche Kategorie. Der Begriff suggeriert, dass man ›Wissen‹ (und Gewissheiten?) quantitativ aufhäufen kann. Diese Vorstellung ist sicher zu schlicht; sie wird weder dem ›Wissen‹ noch den Medien gerecht.

Die Medien verbinden den Außenraum *zwischen* den Menschen mit dem Innenraum ihrer
Köpfe und Körper.

A   B

›Kommunikation‹ verläuft
immer und grundsätzlich durch
den Außenraum. Was in einem Kopf ist, kann nur mit Hilfe von
Medien überhaupt kommuniziert werden.

Und was in einem Kopf ist, ist in den meisten Fällen über Medien
hineingekommen.

Praxen und Niederlegungen

Das Netz der Medien verbindet Praxen und materielle Niederlegungen.

Praxen/Handlungen sind das flüssige Element, Niederlegungen das statische.

Praxen gibt es auf der Seite der Produktion (Äußerungsakte, Herstellung von Software, Produktion von Medientechnik), auf der Seite des Mediengebrauchs und in der Sphäre der Verteilung von Medienprodukten.

Materielle **Niederlegungen** sind die Medienprodukte selbst (Texte, Filme) sowie die Medientechnik.

Praxen beziehen sich immer auf Niederlegungen (man schreibt oder liest einen Brief); Niederlegungen beziehen sich immer auf Praxen (Medientechnik oder Dokumente sind hergestellt worden und zielen auf Rezeption bzw. Teilhabe ab). Praxen und Niederlegungen sind zyklisch miteinander verbunden.

Vermittlung

Medien sind Mittler und bilden eine Sphäre der Vermittlung.

Medien treten dazwischen. Zwischen die Kommunizierenden, und zwischen sie und die Welt. Wie alle Mittler sind die Medien freundlich-verbindliche Diener und unüberwindliche Trennung/Barriere. Sphäre der Moderation, der Verständigung und des Ausgleichs, machtvoll-unumgängliche Zwischeninstanz, Ort der Verfälschung, Umleitung, des Mithörens und der Zensur.

›Unmittelbarkeit‹ gibt es in den Medien nicht.

Selbstbeobachtung

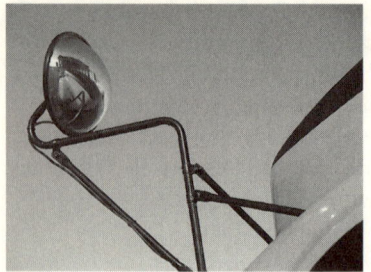

Medien haben reflexiven Charakter, sie sind eine Instanz der Selbstbeobachtung der Gesellschaft.

Beobachtung setzt eine Distanz zum Beobachteten voraus. Medien müssen deshalb aus den praktischen Zusammenhängen ein Stück weit heraustreten.

Systemcharakter

Als Sphäre der Vermittlung und Vernetzung bilden die Medien eine Ebene oberhalb der Individuen, die sie vernetzen.

Sie rücken zu einem System zusammen, das eigene Gesetze hat und einer eigenen Entwicklungslogik folgt.

Institutionen

Auf gesellschaftlicher Ebene sind Medien Institutionen.

Institutionen übernehmen Aufgaben, die für das gesellschaftliche Funktionieren notwendig sind, und geben ihnen eine feste Form.

Die Medien werden im Voranschreiten der Arbeitsteilung als ein besonderer Bereich ausgegliedert. Gestützt auf eine immer voraussetzungsvollere Technik geht hiermit ein Prozess der Verselbstständigung, der Festschreibung und der Professionalisierung einher.

Institutionen haben die Eigenschaft, für ihren eigenen Fortbestand auch in der Zukunft zu sorgen. Hiermit ist eine Tendenz zur Verhärtung, Abschottung und ein gewisser Widerstand gegen Veränderung verbunden. Materielle, technische Implementierungen und Standards sowie ökonomische Investitionen spielen hier eine wichtige Rolle.

Gleichzeitig sind Institutionen wichtig für die Orientierung in der Vielfalt der Medien. Mediennutzer schreiben nicht einzelnen Botschaften Glaubwürdigkeit zu, sondern den Institutionen, die sie vermitteln (Beispiel: Tagesschau).

gesellschaftliche Differenzierung

Um die gesellschaftliche Funktion der Medien zu begreifen, braucht es ein Modell, das ebenso schlicht wie weitreichend ist: Dieses Modell ist der Handschuh.

Die Soziologie hat gezeigt, dass die Gesellschaft eine rapide *innere Ausdifferenzierung* vollzieht. (Ausdifferenzierung wird von den unterschiedlichen soziologischen Schulen unterschiedlich gefasst, und es gibt Streit darüber, wie man das Produkt der Ausdifferenzierung, die in Facetten differenzierte Gesellschaft, analysieren, beschreiben und benennen soll.)[4]

Im Groben ist gemeint, dass immer mehr gesellschaftliche Bereiche entstehen, die immer speziellere Funktionen übernehmen. Die alte Soziologie hätte von ›Organen des Gesellschaftskörpers‹ gesprochen; und wie Organe tragen diese zum Funktionieren des Ganzen bei.

Die Medien sind einerseits ein *Produkt* der gesellschaftlichen Differenzierung; sie bilden sich als ein eigener Bereich, ein gesellschaftlicher Apparat mit spezifischen Aufgaben und Funktionen heraus.

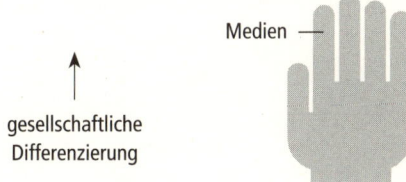

Medien

↑
gesellschaftliche
Differenzierung

(Am deutlichsten ist dies im Fall der Massenmedien, sie bilden eine eigene Institutionenstruktur, ein Feld für Professionalisierung und Profis.)

Omnipräsenz

Gleichzeitig aber spielen Medien in absolut allen gesellschaftlichen Bereichen eine Rolle; sie sind omnipräsent.

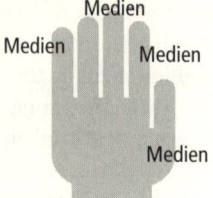

Kein gesellschaftlicher Bereich kommt ohne Medien aus; dies können jeweils unterschiedliche Medien sein – an der Börse sind Zahlen wichtiger als Kinofilme; andere Medien, wie die *Sprache*, sind tatsächlich in allen gesellschaftlichen Bereichen präsent.

Komplement der gesellschaftlichen Differenzierung

In ihrer Vermittlungsfunktion sind die Medien der gesellschaftlichen Differenzierung *exakt entgegengesetzt*:

Medien haben auf symbolischer Ebene zu vermitteln, was die gesellschaftliche Differenzierung trennt.

Medien ——————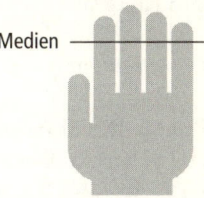

Die Gesellschaft würde in ihre Facetten *zerfallen*, gäbe es nicht die Medien als einen universellen Vermittler.

Agent der gesellschaftlichen Differenzierung

Gleichzeitig sind die Medien in den Prozess der gesellschaftlichen Differenzierung verstrickt:

Man kann sich in Medien keineswegs nur einigen oder verständigen; Medien sind auch immer Medien des *Streits*; man kann anderer Meinung sein, Alternativen entwickeln, Grenzen ziehen und sich voneinander absetzen.

Es ist deshalb völlig falsch, Medien einseitig mit Verständigung und Konsens gleichzusetzen.

Kommunikation ist nicht Kommunion.

Die Medien also sind mehrfach und widersprüchlich bestimmt; diese Doppelstruktur macht ihr Verständnis tatsächlich schwierig.

Parallelsysteme

Und die Schwierigkeit geht gleich weiter, denn die Medien sind nicht die einzigen gesellschaftlichen Systeme, die eine Vermittlungsfunktion – quer zur gesellschaftlichen Struktur – haben.

Auf der Ebene der materiellen Produktion ist dies der *Markt*.

Auf einer noch materielleren Ebene sind dies *Transport* und *Verkehr* – Marx ging so weit, mit Blick auf die Gesellschaft insgesamt von ›Verkehrsformen‹ zu sprechen.[5]

Ein weiteres Quergitter ist sicher die *Technik*. Auch sie berührt alle gesellschaftlichen Bereiche und hat – als eine verbindende Infrastruktur – an allen Facetten Anteil. Gerade weil die Medien also nicht alleine sind, ist wichtig, ihr Spezifikum festzuhalten:

Medien leisten eine Vernetzung quer zur gesellschaftlichen Struktur, parallel zu Markt, Verkehr und Technik. Ihr Spezifikum ist, dass es sich im Fall der Medien um Symbole und um Zeichenverkehr handelt.

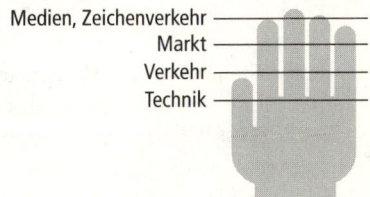

Medien, Zeichenverkehr
Markt
Verkehr
Technik

(Auf dieser Basis sei zugestanden, dass es – abhängig vom soziologischen Modell – auch andere Systeme gibt, die ebenfalls viele oder alle gesellschaftlichen Facetten berühren.)

Hand- und Kopfarbeit

Die Sphäre der Arbeit trennt zwischen Hand- und Kopfarbeit. Die zweite ist höher angesehen und besser bezahlt, obwohl (oder weil?) sie leichter ist; Angestelltenkulturen und ›Informationsgesellschaft‹, verwaltete Welt und ›Leitungsfunktionen‹ – die Medien gehören zweifellos eher zum Bereich der Kopfarbeit. Angestelltenarbeit ist Arbeit in der Sphäre der Zeichen.

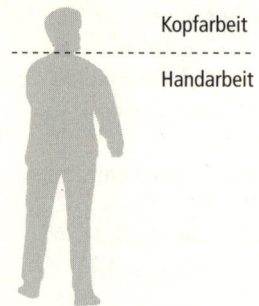

Kopfarbeit

Handarbeit

An dieser Stelle sind die Medien in Klassenunterschiede und Herrschaftsfunktionen verwickelt. Dies gilt vor allem für die Schrift, die bereits vor 5000 Jahren in Mesopotamien und Ägypten zur Machtbasis einer hierarchischen Schreiberkaste wurde.[6] Und in anderer Weise heute für den Computer. Für andere Medien – und vor allem die ›Unterhaltungsmedien‹ – gilt dies nicht.

Spezialdiskurse und Interdiskurs

Die gesellschaftliche Differenzierung führt zu einer Ausdifferenzierung in spezielle Diskurse. Jeder Bereich hat seine eigenen Fachsprachen und seine spezifischen medialen Praxen.

(Architekten können sich nur mit Plänen, Chemiker nur mit Hilfe von Formeln verständigen.)

Den Diskurs, der zwischen diesen Spezialdiskursen vermittelt, nennt man Interdiskurs (Link).[7]

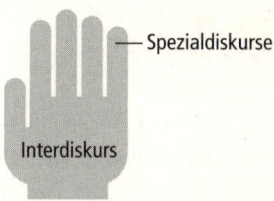

Medien haben Anteil an beidem: am Vorgang der Ausdifferenzierung wie an deren Vermittlung; die Spezialdiskurse wie der Interdiskurs sind an Medien gebunden.

Rückvermittlung

Massenmedien haben die strukturelle Aufgabe, Inhalte aus den differenzierten Spezialdiskursen zurück in den Mainstream (den Interdiskurs) zu vermitteln. Sie binden damit die Spezialdiskurse an das Alltagswissen zurück.

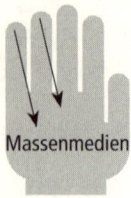

Massenmedien

Am deutlichsten wird diese Aufgabe vom Journalismus erfüllt. Journalisten recherchieren in allen Bereichen der Gesellschaft und bringen ihre Ergebnisse in die Redaktion, häufig popularisieren sie Expertenwissen. Deshalb wird ihnen oft vorgeworfen, zu entdifferenzieren und die Komplexität ihrer Gegenstände systematisch zu unterbieten. Das kann nicht anders sein. Der Interdiskurs ist grundsätzlich allgemeiner (weniger differenziert) als die Spezialdiskurse.

Aber auch ›Unterhaltungsformate‹ haben die gleiche Funktion: Die Talkshow liebt es, soziale Randgruppen oder sexuelle Subkulturen zum Sprechen zu bringen; beim Sport erholt sich selbst der Schöngeist; fiktionale Formate suchen Themen, die ›allgemein interessieren‹ (Liebe, Verbrechen). ›Human interest‹ meint genau das.

Geographie

Geographische Grenzen treten im Zuge dieser Entwicklung immer weiter zurück.

Den größten Teil ihrer Geschichte hat die Menschheit in Stammesgesellschaften gelebt; diese waren auf einen relativ kleinen Lebensraum eingeschränkt, an seinen Grenzen endete die Kommunikation, jenseits lebten ›Fremde‹. Alles zum Überleben Notwendige wurde innerhalb dieser Grenzen hergestellt. (Fernhandel allerdings hat es, in geringem Umfang, immer gegeben.)

Mit den großen Reichen der Antike entstehen große staatliche Gebilde, weitere ökonomische Vernetzungen und ein entsprechend größerer Kommunikationsraum. Ohne die *Schrift* wären diese Reiche nicht zu organisieren gewesen (Innis).[8]

Die Gegenwart schließlich laboriert am Projekt der ›Globalisierung‹. Das Netz wechselseitiger Abhängigkeiten umschließt den gesamten Erdball und wird dichter. Es werden immer mehr Interaktionen über immer weitere Distanzen nötig.

Im Großen betrachtet, ist dies ein langfristiger Prozess der Umstrukturierung: *Geographische Grenzen verlieren an Bedeutung; sie werden durch neue Grenzen ersetzt, die nun die Funktionsbereiche trennen.*

Der Verlust geographischer Grenzen und die globale Vernetzung bedeuten ein exponentielles Ansteigen der gesellschaftlichen Komplexität. *Dabei nimmt die Interaktionsfrequenz zu.*

Ökonomie

Auf ihrer Institutionenseite berühren die Medien die Ökonomie.

Symbolische Produkte (Texte, Bilder, Software) werden gegen Geld getauscht und treten als Waren in den gesellschaftlichen Tauschkreislauf ein.[9]

Gleichzeitig sind symbolische Produkte den Mechanismen des Ökonomischen systematisch entgegengesetzt: Worte z. B. werden zwar ausgetauscht, nicht aber gehandelt, bezahlt oder besessen. Hier herrscht eine Ökonomie des *Geschenks*.

Zudem machen die technische Reproduktion und die ›Immaterialisierung‹ der Zeichen die Herstellung mancher Medienprodukte so billig, dass die Warenform nur mit den Mitteln eines repressiven Rechts durchgesetzt werden kann (Beispiel: die gegenwärtige Einschüchterungskampagne der Musik- und Filmindustrie gegen die Tauschbörsen).

Medienprodukte unterliegen eigenen ökonomischen Gesetzen, die sich von denen der Zementindustrie klar unterscheiden.

Symbolische und mediale Prozesse werden, wie andere gesellschaftlich relevante Bereiche, durch das Recht reguliert.

Das *Copyright* etwa versucht die Logik des materiellen Eigentums auf die Sphäre des Symbolischen zu übertragen. Copyrights regeln in zunehmendem Maße den Zugang zu symbolischen Produkten; anders als Bibliotheken sind Datenbanken häufig kostenpflichtig, Fotografie und Film kennen kein kostenfreies Zitat.

Dabei ist das Recht selbst zutiefst symbolisch: Gesetze sind aus Worten gemacht. Erst indem es sich mit außersymbolischen Institutionen verbindet (Polizei, Gerichte, Strafvollzug ...), kann das Recht seine Geltung durchsetzen.

Norm und Normalisierung

Medien sind eingespannt in die Mechanismen der Normbildung und Normalisierung.

Wenn moderne Gesellschaften sich weniger über normative Vorgaben stabilisieren als über eine dynamische Normalisierung (Link),[10] bilden die Medien ein Forum, auf dem die Grenzen des Normalen und die Dialektik zwischen Norm und Abweichung immer aufs neue ausgehandelt werden (Talkshow, Court show, Krimi).

Mediale Normen, Technik, Formate, Protokolle und Standards formieren die Kommunikationsprozesse innerhalb der Medien selbst.

Medien und symbolische Prozesse sind immer mit Interessen verbunden. Dies kann das Interesse sein, dass die eigene Botschaft gehört wird, oder das Interesse, an bestimmten Medienprozessen teilzuhaben. Ökonomische oder politische Interessen spielen in die Mediensphäre hinein.

Interessen gibt es auf Sender- wie auf Empfängerseite sowie als einen Einfluss von ›außen‹.

Interesse versus ›Objektivität‹

Interessen allerdings bestimmen die Medien in völlig unterschiedlichem Maß. Gestehen Werbung und PR das Eigeninteresse umstandslos ein, versucht etwa die Lüge dieses zielgerecht zu verdecken.

Demgegenüber steht z. B. das journalistische Ideal der ›Objektivität‹; dieses Ideal wurde oft in Zweifel gezogen; würde die Tagesschau allerdings schlichte Parteipolitik machen, ginge ein Aufschrei durchs Publikum.

Senderseite				
Eigeninteresse zurückgestellt, »Objektivität«	Ideal der ›Wahrheit‹	Ideal der wissenschaftl. Erkenntnis, Encyclopédie	Ideal des Journalismus	Wikipedia
Eigeninteresse gering, allgemeines Äußerungsint.		Fiktion	Dokumentarismus	
Eigeninteresse als Perspektive erkennbar	Alltagskommunikation		Presse, (Meinung, Kommentar)	
Eigeninteresse verdeckt	Lüge			PR, gekaufte Redaktionsbeiträge
Eigeninteresse offen	Rhetorik, Lobrede			Werbung, PR
	Mediengeschichte →			

up, down

Interessen gibt es auf Sender- wie auf Empfängerseite. Man kann die Medienpraxen danach sortieren, wer das primäre Interesse an den jeweiligen Botschaften hat.

Hierfür schlage ich die Etiketten ›uphill‹ versus ›downhill‹ vor. Downhill wäre der normale Lauf der Dinge: Der Empfänger will das Medienprodukt haben; Indiz dafür kann seine Bereitschaft sein, Geld zu bezahlen. Uphill stände für die weit größere Mühe, Produkte wie die *Werbung* an den Mann zu bringen. Hierfür ist es manchmal nötig, ein ganzes Fernsehprogramm zu verschenken. Will man einem Hund eine Tablette geben, versteckt man sie in einer Wurst.

»uphill«					
Sender-interesse ↑ ↑ ↓	(Sender zahlt) ↑ ↓		Werbung		Werbung (Tablette)
		Flugblätter	Amateur-produktion		↑↓
			Kino	öff.-rechtl. TV	Privat-TV (Wurst)
Emp-fänger-interesse ↓	(Emp-fänger zahlt)	Bücher	Endgeräte		
»downhill«					

Dass es sich bei der GEZ-Gebühr um eine Zwangsabgabe handelt, zeigt, dass auch das öffentlich-rechtliche Fernsehen nicht einfach ›downhill‹ funktioniert.

Macht

Medien sind verflochten mit der Macht und gleichzeitig ihr Gegenpol.

Machtmechanismen arbeiten im Tatsächlichen, spielen aber auch im Symbolischen eine Rolle. Werbung und PR, Lüge, Ideologie und Propaganda zeigen an, dass Medien und Zeichen für fast beliebige Zwecke instrumentalisiert werden können.

Gleichzeitig ist symbolisches Handeln eine wirksame Gegeninstanz gegen real implementierte Machtstrukturen. Hierher gehört die Utopie des herrschaftsfreien Diskurses[11] sowie die Tatsache, dass alle geschichtlichen Umbrüche eine Vor- und Parallelgeschichte im Umbruch der Überzeugungssysteme hatten. Symbole sind die Waffen der Machtlosen.

Auf der institutionellen Seite der Medien stehen sich zentralistische Tendenzen (Gatekeeper-Funktion) und dezentralistisch-emanzipative Tendenzen (Massenteilhabe) gegenüber. Der institutionelle Zentralismus der Medien selbst ist doppeldeutig: Je unabhängiger die medialen Institutionen von realen Machthabern sind, desto eher können sie zu einer Kontroll- und Gegenmacht werden.

Häufig sind es die großen und etablierten Medien, die mit der Macht assoziiert sind, während sich Gegenöffentlichkeiten ›kleiner‹, abgelegter oder leichter zugänglicher Medien bedienen (1968: handgemalte Plakate, Flugblätter und Offsetdruck).

In einigen mediengeschichtlichen Phasen allerdings greifen die Gegenöffentlichkeiten das jeweils neueste, avancierteste Medium auf (Martin Luther Druck und Flugschrift, gegenwärtige ›smartmobs‹ Mobilfunk und Internet).

2

Symbolischer Charakter

Das Reich der Medien ist das Reich des Symbolischen. Medien haben es grundsätzlich nicht mit den tatsächlichen Dingen zu tun, sondern mit Zeichen und Symbolen.

Dies ist ihr Spezifikum und das einzige zuverlässige Kriterium, die Medien gegen andere gesellschaftliche Netze und Infrastrukturen abzugrenzen.

zwei Welten

Dies bedeutet implizit eine Zwei-Welten-Theorie: Auf der einen Seite die dreidimensional-solide Welt der tatsächlichen Dinge – Kochtöpfe, Swimmingpools und körperliche Gewalt –, auf der anderen die Welt des Symbolischen.

> »Das zweite Projekt war ein Plan zur völligen Abschaffung aller Wörter überhaupt, [...] da Wörter nur Bezeichnungen für Dinge sind, sei es zweckdienlicher, wenn alle Menschen die Dinge bei sich führten, die zur Beschreibung der besonderen Angelegenheit, über die sie sich unterhalten wollen, notwendig seien. [...] [D]as bringt nur die eine Unbequemlichkeit mit sich, dass jemand, dessen Angelegenheiten sehr umfangreich und von verschiedener Art sind, ein entsprechend größeres Bündel von Dingen auf dem Rücken tragen muss, falls er es sich nicht leisten kann, dass ein oder zwei starke Diener ihn begleiten.«
> (Jonathan Swift: Gullivers Reisen (1706))

Die Fabel macht klar, dass und warum die Medien so eben nicht funktionieren.

Allerdings ist die Einteilung in ›zwei Welten‹ sehr grob; und es gibt medientheoretische Ansätze, die ihr grundsätzlich widersprechen: Denn sind Medienprozesse nicht genauso ›tatsächlich‹ wie andere Vorgänge, zumindest die Geräte, die Netze, die Hardware? Sind Medien für das gesellschaftliche Funktionieren nicht ebenso notwendig wie Gas und Strom? Haben mediale Prozesse nicht zumindest *Wirkungen* im Tatsächlichen?

All dies ist richtig. Und im Folgenden wird ein Versuch gemacht werden, die Dinge so weit zu sortieren, dass auch diesen Einwänden Rechnung getragen wird.

Als Grundorientierung allerdings bleibt es beim Modell der zwei Welten; nur wenn man das Symbolische als eine *spezifische Funktion* anerkennt, ist eine Definition und eine Abgrenzung der Medien möglich.

Medien-Definition

Wie also soll man das Symbolische definieren? Wie eine Mediendefinition finden, die den symbolischen Charakter der Medien konsequent in den Mittelpunkt stellt?

Die wohl plausibelste Definition der Medien ist, dass sie ein **symbolisches Probehandeln** erlauben.[12]

Medien etablieren innerhalb der Gesellschaft einen Raum, der die Besonderheit hat, dass er von tatsächlichen Konsequenzen weitgehend entkoppelt ist. Handlungen in diesem Raum sind – im Gegensatz zu tatsächlichen Handlungen – reversibel; geschieht auf der Bühne ein Mord, steht der Ermordete danach auf und verneigt sich. Dies gilt, vermittelt, für symbolische Prozesse allgemein.

Probehandeln

Tatsächliches und symbolisches Handeln – Handeln und Probehandeln – sind nicht durch einen Abgrund getrennt.

Zwischen beiden gibt es einen kontinuierlichen Übergang. Absolut irreversibel sind *Destruktionsakte*, Gewalt und Mord. Am anderen Pol steht das *Spiel*. Auch symbolische Handlungen können reale Konsequenzen haben (Beispiel: Beleidigung). – Immer allerdings sind diese weniger einschneidend als im Fall tatsächlicher Handlungen.

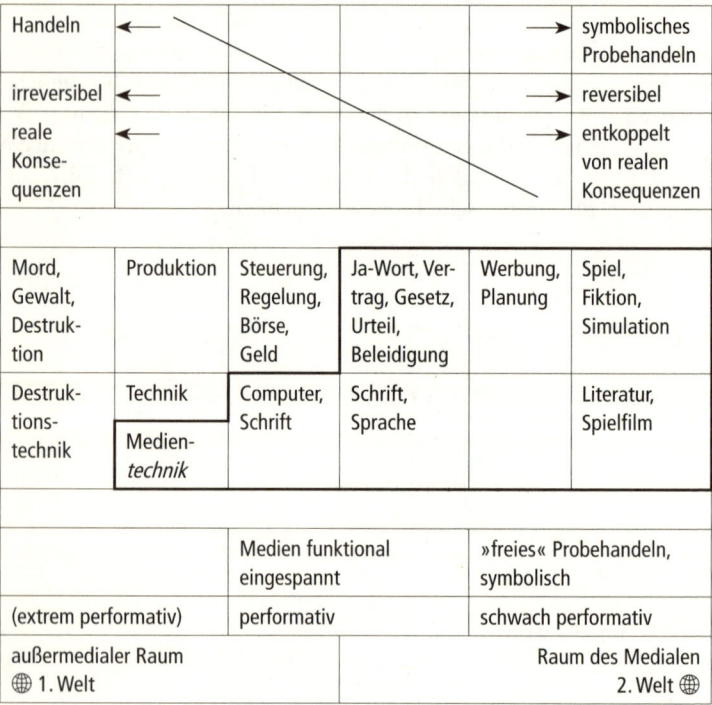

Handeln ←				→	symbolisches Probehandeln
irreversibel ←				→	reversibel
reale Konsequenzen ←				→	entkoppelt von realen Konsequenzen

Mord, Gewalt, Destruktion	Produktion	Steuerung, Regelung, Börse, Geld	Ja-Wort, Vertrag, Gesetz, Urteil, Beleidigung	Werbung, Planung	Spiel, Fiktion, Simulation
Destruktionstechnik	Technik	Computer, Schrift	Schrift, Sprache		Literatur, Spielfilm
	Medien-*technik*				

	Medien funktional eingespannt		»freies« Probehandeln, symbolisch	
(extrem performativ)	performativ		schwach performativ	
außermedialer Raum ⊕ 1. Welt		Raum des Medialen 2. Welt ⊕		

Design, Mode und Architektur wären als Mischwesen zu fassen. Sie haben einen Medienaspekt, zur Sphäre der Medien aber gehören sie nicht dazu.

performativ

Reale Konsequenzen symbolischer Handlungen nennt man *performativ*.

Zeichen

Medien bilden Zeichensysteme aus. Zeichensysteme stellen das Spielmaterial bereit, mit dem ein symbolisches Probehandeln möglich wird.

Die Sphäre der Zeichen ist von der Sphäre des Realen zielgerichtet getrennt. Beispiel sei die Bühnenrampe, die die symbolischen Vorgänge auf der Bühne von den tatsächlichen Vorgängen im Foyer und im Zuschauerraum absetzt. Das Publikum lernt diese Trennung als selbstverständlich zu akzeptieren; wer auf die Bühne stürmt, um die gefährdete Jungfrau zu retten, hat eine sehr grundsätzliche Konvention nicht begriffen.

Medien und Medientechnik haben vor allem anderen diese Trennung zu gewährleisten.

Teil der materiellen Welt

Zeichen selbst sind *Teil der materiellen Welt* – dies macht die Trennung von Handeln und Probehandeln umso notwendiger und prekärer.

Ein bestimmter Ausschnitt der materiellen Welt wird abgegrenzt und für einen besonderen Gebrauch – den Gebrauch als Zeichen – freigestellt. Beispiel sei die mündliche Sprache: Der Lautstrom der Stimme wurde, anders als die Hände, für praktische Zwecke nicht gebraucht; nur auf dieser Basis konnte sich die Sprache als ein System von *Zeichen* – abgegrenzt von praktischen Eingriffen – entwickeln.

Auf dieser ersten Ebene sind Zeichen rein materiell; mit ›Ideen‹ haben sie zunächst nichts zu tun.

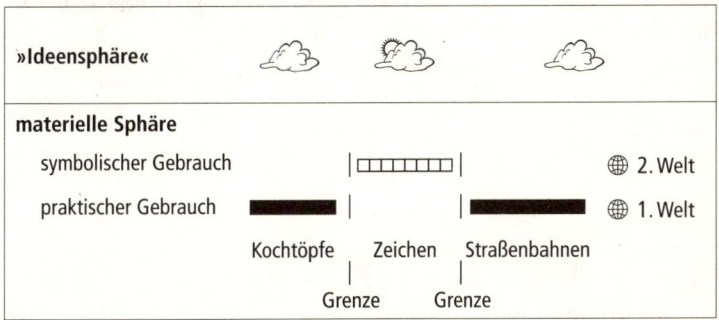

Die Zwei-Welten-Theorie also meint *nicht* die Trennung zwischen materieller und Ideensphäre, sondern grenzt innerhalb des Materiellen einen Sektor für den symbolischen Gebrauch ab.

Zeichenfunktionen

Erst auf dieser Basis können die Zeichen zu Trägern von ›Ideen‹ werden.

In einer ihrer Dimensionen sind Zeichen auf die Realität bezogen (Referenz). Sie verdoppeln, gliedern und interpretieren die überwältigend komplexe, dreidimensionale Realität.

Andererseits sind Zeichensysteme auf Repräsentation/Referenz nicht eingeschränkt. Mit Zeichen sind auch Spiel, Fiktion und rein mechanische Operationen möglich. Wie die Zeichen sich auf die Welt beziehen, wird insofern immer aufs neue ausgehandelt; dies ist Teil des symbolischen Probehandelns selbst.

Eigenschaften, Struktur und Funktionsweise der Zeichen sind Gegenstand der *Semiotik*; diese ist eine der Grundlagenwissenschaften der Medienwissenschaft.

Zeichen *zeigen*.

Repräsentation, Referenz

Zeichen stehen nicht für sich, sondern für andere Dinge.

Die Zeichenfolge W-a-s-s-e-r-h-a-h-n gibt es wahrscheinlich nur, weil es Wasserhähne in der 3-dimensional-tatsächlichen Welt gibt.

Aber gilt dies für alle Zeichen? Was ist mit dem Begriff der ›Ehre‹ oder dem Begriff Gottes? Der Fall des Einhorns z.B. ist klar: Einhörner gibt es *nur* im Mythos, nur also in Zeichenform …

Die Vorstellung, dass die Zeichen Dinge und Sachverhalte in der Welt ›repräsentieren‹, ist mehr als umstritten. *Dennoch ist sie unverzichtbar.* Eine naive Vorstellung von Repräsentation als ›Widerspiegelung‹ allerdings scheidet aus.

Zeichen zeigen auf Dinge und Sachverhalte in der tatsächlichen Welt.

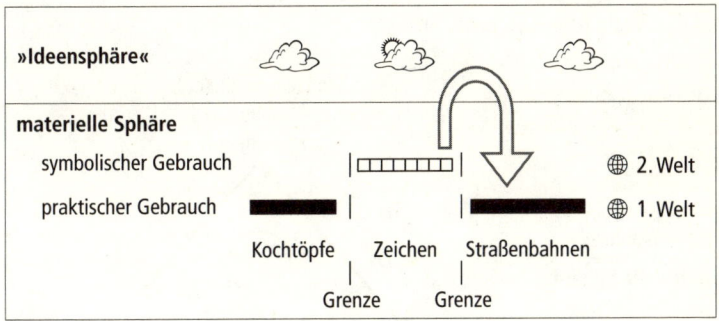

Daneben zeigen Zeichen auf Ideen und Fiktionen und auf andere Zeichen.

Zeichen sind auf spezifische Weise *reflexiv*.

Signifikant, Signifikat, Referent

Das Gesagte entspricht dem ›klassischen‹ Dreieck des Zeichens.

Das materielle Zeichen (der Signifikant) steht für ein mentales Konzept (das Signifikat); erst vermittelt darüber zeigt es auf Dinge in der Welt (die Referenten).[13]

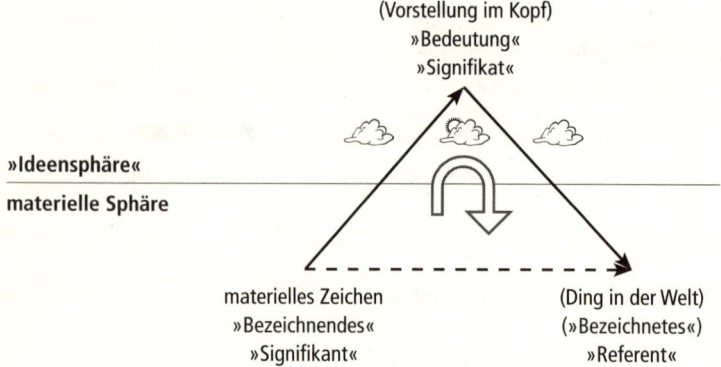

(Vorstellung im Kopf)
»Bedeutung«
»Signifikat«

»Ideensphäre«

materielle Sphäre

materielles Zeichen
»Bezeichnendes«
»Signifikant«

(Ding in der Welt)
(»Bezeichnetes«)
»Referent«

Sobald man die Medien über das Probehandeln bestimmt, rückt nicht mehr das Tatsächliche, sondern die *Möglichkeit* in den Mittelpunkt der Mediendefinition.

Medien eröffnen den Raum des Möglichen.

Die Pointe der Medien ist, dass sie das Tatsächliche *überschreiten*.

Tiere

Der Gebrauch von Zeichen steht (neben dem Werkzeuggebrauch) für die Ablösung des Menschen aus der Naturgeschichte. Ob auch Tiere Zeichen verwenden, ist strittig; die Warnrufe, die viele Tiere benutzen, sind Kommunikation und haben hinweisenden Charakter, selbst komplizierte Systeme wie der Bienentanz aber sind eingebettet in den Instinkt, und Delfine und Hunde können vor allem Befehle befolgen.

Schimpansen allerdings hat man einen rudimentären Sprachgebrauch über Handzeichen beigebracht. (Und eine Schimpansin, der man einen potentiellen Liebhaber offerierte, signalisierte – für den Liebhaber bitter – das Zeichen für ›Klo‹!)

Einem vollen Symbolgebrauch am nächsten kommen Tiere vielleicht dann, wenn sie *spielen*; oder in der breiten Palette von *Täuschungsverhalten* (Goffman).[14]

Welterschließung

Zeichensysteme sind Maschinen der Welterschließung.

Sie arbeiten Wahrnehmungen und Erfahrungen, die ohne diese Vermittlung schlicht überwältigend wären, in ein Set erwartbarer Strukturen um. Sie bilden das Raster und das Ordnungssystem, mit dem wir der Welt gegenübertreten.

Diese Medienfunktion ist besonders unauffällig, weil sie uns quasi angewachsen ist. Sie ist diejenige, die am tiefsten in unser Ich hineinreicht.

So ist es unmöglich, ein schwarz-weiß gestreiftes Pferd zu sehen, ohne dass im Kopf der Begriff ›Zebra‹ aufblitzt. ›Zebra‹ aber ist ein sprachliches Konzept – mit allem Wissen, das dazugehört: Assoziationen zur Savanne, das problematische Verhältnis zu den Löwen … *Organisiert* wird dieses Wissen durch die Sprache und allgemeiner durch unsere Medienerfahrung, die sich als ein Raster erwartbarer Strukturen in uns niederlegt. Was wir als Realwahrnehmung empfinden, ist durch dieses Raster und diese Vorerwartung immer schon vorstrukturiert.

Reduktion von Komplexität

Zeichensysteme haben die Pointe, dass sie wesentlich einfacher strukturiert sind als die Welt, die sie repräsentieren.

Medien und Zeichen sind Maschinen zur Reduktion von Komplexität.

Zeichen sind deshalb notwendig abstrakt. Sie schematisieren, subsumieren und typisieren, nur so kann ein reduzierter/überschaubarer Satz von Zeichen fast beliebig komplexe Sachverhalte repräsentieren.

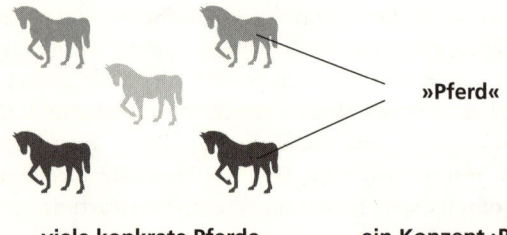

viele konkrete Pferde   **ein Konzept ›Pferd‹**

Allerdings unterscheiden sich die Medien und Zeichensysteme im Maß dieser Typisierung: Während Mathematik und Sprache hoch typisiert abstrakte und abgegrenzte Einheiten (Spielsteine, Worte, Zahlen) ausbilden, gilt dies für andere Systeme (Bildwerke, Fotografie, Film) zunächst nicht. Hier gibt es Regularitäten, Stereotypen, Schemata, nicht aber ein aufzählbares Vokabular einzelner Zeichen. Ein Spielfilm oder eine Fotografie würden immer ein einzelnes, konkretes Pferd zeigen.

Unterschiede in der Funktionsweise und der Leistungsfähigkeit der verschiedenen Zeichensysteme sind ein Hauptgrund dafür, dass es überhaupt verschiedene Medien gibt.

Dimensionen

Zeichen unterscheiden sich vom Bezeichneten auch physisch. Bilder z. B. reduzieren die dreidimensionale Realität auf nur zwei Dimensionen, sodass man Photos aufstapeln und abheften kann. Die Schrift reduziert das Bezeichnete noch drastischer. Das Museum ist insofern ein Sonderfall: Hier werden dreidimensional-tatsächliche Überbleibsel aufbewahrt.

Der Vorschlag, Medien danach zu unterscheiden, entlang wie vieler Dimensionen sie ihre materiellen Zeichen anordnen, stammt von Flusser.[15] Die Schriftzeile reiht die Zeichen notwendig linear (1d), Bilder wären zweidimensional-flächig usf. Ergänzend würde ich vorschlagen, die Dimension der Zeit und die zeitbasierten Medien einzubeziehen.

Selbstverständlich ist die getroffene Einteilung ebenso grob wie bestreitbar: kann es doch allein um die Ebene der materiellen Zeichenanordnung gehen; damit ist über deren Funktionsweise noch wenig gesagt.

3d + Zeit	(Realerfahrung) Gestik, Mimik	Theater			›Virtual Reality‹ (Themenparks)
3d ↖↑↗→	Monumente, (Architektur), (Werkzeuge)	(Objekte), (Waren), Skulptur	(Technik), (Design), Museum	(Stereofotografie) (Holographie)	(3d-modeling)
2d + Zeit				Film, Fernsehen	
2d ↑→		Bilder, Diagramme	Fotografie	Formeln, Layouts	Computergraphik
1d (Zeit)	mündl. Sprache, Musik				
1d →		Schrift, Zahlen			Computer, Algorithmen
Mediengeschichte →					

Nur die umrandeten Felder würde das Alltagsverständnis den Medien zurechnen.

Linearität, 1d

Der Linearität (1d), dies hat ebenfalls Flusser gezeigt, kommt eine Sonderrolle zu.

Die *Schrift* ist ein besonders striktes Ordnungssystem, weil zu jedem Zeitpunkt nur ein einziges Zeichen ausgewählt und angereiht werden kann.

Flusser sagt deshalb, die Schrift sei entstanden, um die Komplexität der Bilder in lineare Abfolgen zu *zerschneiden*. Bilder kennen eine eindeutige Abfolge (z. B. von Handlungen) nicht.

Zudem korrespondiert die räumliche Linearität (1d) mit der *Zeit*. Wo die mündliche Erzählung Handlungen in der zeitlichen Abfolge darstellt, projiziert die Schrift dieses Nacheinander auf die Zeile, also eine Achse des Raums.

(Auch Computer und Algorithmen gehören in die Welt des Linearen/Eindimensionalen; zum einen sind Algorithmen eine Form der *Schrift*; zum zweiten legt die Von-Neumann-Architektur der Computer auch die Ausführung der Programme auf eine lineare Abfolge fest. Flusser selbst hatte Zahlen und Algorithmen ›nulldimensional‹ genannt).

Bilder sind vor allem anderen dadurch gekennzeichnet, dass sie 2-dimensional-flächig sind.

Dies verbindet Bildwerke (Gemälde, Graphik) mit der Fotografie, aber auch mit Schemata, Konstruktionszeichnungen, Plänen und der Darstellung mathematischer und chemischer Formeln.

In Zeitschriften und Illustrierten wäre das *Layout* zu nennen; allgemeiner die graphische Gestaltung im Print, in den Bildmedien (TV-Design) und im WWW.

Bilder erlauben eine sehr schnelle und intuitive Orientierung.

Viele Bilder benutzen Erfahrungen, die aus der visuellen Realwahrnehmung stammen. Andere Bilder sind vollständig ›abstrakt‹.

Unterscheidungen

Zeichen erlauben Unterscheidung und Differenzierung.

Zeichen greifen gegebene Unterschiede auf – etwa den zwischen Steinen und Kaninchen –, stilisieren sie und schreiben sie durch Benennung/Etikettierung dauerhaft fest.

Andere Unterscheidungen allerdings sind weit weniger zwingend; sie sind ›willkürlich‹ oder konventionell. Die Unterscheidungen überlagern sich und bilden ein Netzwerk: Das Zeichen ›grau‹ könnte Kaninchen und Steine verbinden.

Indem sie mit Unterscheidungen, Kontrasten und Differenzierung arbeiten, sind Medien Maschinen der *Analyse*. In symbolischen Systemen wie der Sprache ist niedergelegt, welche Unterscheidungen sich im Umgang mit der Welt bewährt haben.

Zeichen und Medien erlauben es, im Spiel mit symbolischem Material Ordnungen auszuprobieren.

Dies gilt auf der Ebene des einzelnen literarischen oder filmischen Werks, das immer ein Geflecht von Beziehungen etabliert. (Die literarische Handlung, der Plot, ist Ordnung im Übergang.) Und ebenso für Wissenschaft und Mathematik. Algorithmen etwa sind besonders strenge Ordnungsentwürfe. Hier ist Ordnung *Anordnung des symbolischen Materials in Raum und Zeit.*

Daneben aber gilt dies auf der Ebene der Zeichensysteme insgesamt. Zeichensysteme sind Großordnungen, die in ihrer inneren Struktur die Weltsicht ganzer Gesellschaften festhalten.

Operationen

Der Umgang mit Medien und Zeichen hat eine handwerklich-praktische Seite. Man kann mit Zeichen spielen, Dinge ausprobieren, und zwar unabhängig davon, ob man sie schon verstanden hat oder nicht.

Die Pointe solcher Operationen ist, dass die Resultate nie völlig absehbar sind. Dies gilt für Fotografie und Film, wo der Zufall und die Eigenlogik des Materials eine Rolle spielen, und in anderer Weise für Algorithmen. Auch wenn der Weg der Berechnung vollständig determiniert ist, kann das Resultat überraschend sein.

Man kann Zeichen auch dazu verwenden, Vorgänge in der realen Welt zu *steuern* und zu *regeln*. Dies ist insbesondere im Feld der Computer relevant. Eventuell sind es die gleichen Chips, die gleichen Programme und die gleichen Daten, die einen Produktionsautomaten zunächst simulieren und später seine tatsächliche Bewegung steuern.

Nach der hier getroffenen Mediendefinition aber *fällt die Steuerung von Realvorgängen aus dem Bereich des Medialen heraus.*

Exakt hier würde die wichtige Grenze verlaufen, die Probehandeln vom Handeln trennt: Simulation wäre ein Medienvorgang, die Steuerung der Produktion – weil irreversibel – nicht.

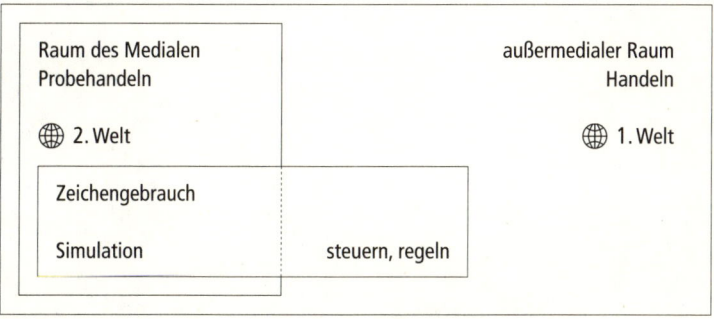

(Auch dies übrigens entspricht dem Alltagsverständnis.)

Erkenntnis

Medien- und Zeichensysteme dienen der ›Kommunikation‹, darüber hinaus aber auch der Objektivierung und der Erkenntnisgewinnung.

Das Spiel mit mathematischen Formeln oder technischen Skizzen etabliert einen Dialog nicht primär zwischen Menschen, sondern zwischen Mensch und Papier. Wissenschaftliche Erkenntnis entsteht häufig auf diesem Weg.

Und genereller: Wenn Medien und Symbolsysteme die Welt erschließen, ist Erkenntnis insgesamt an Medien gebunden. Medien arbeiten Wahrnehmung in Erkenntnis/Orientierung/Ordnungen um. Dass Medien ›reflexiv‹ sind, ist die Voraussetzung für Reflexion.

Steigerung von Komplexität

Wenn Medien und Zeichen Komplexität reduzieren, so gilt auch das Gegenteil:

An Schwerkraft, Physik und Tatsächliches kaum gebunden, und getrieben durch innere Differenzierung, Spiel, Wunsch und Fiktion vervielfältigt sich das Reich der Zeichen in die fraktalen Räume des Möglichen hinein.

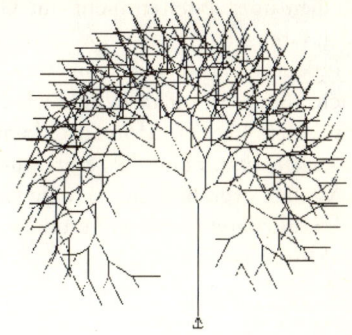

Grenzen

Medien überschreiten nicht nur Grenzen, sie definieren und setzen auch Grenzen.

Indem ich entscheide, mit wem ich kommuniziere, entscheide ich auch, mit wem *nicht*. Wähle ich ein bestimmtes Buch, schließe ich zumindest für den Moment alle anderen Bücher aus. So entstehen *Grenzen*, *Inseln* und *Strukturen* im Reich der Medien.

Medien organisieren auch die *Grenzen*, die *Verweigerung* und die *Unmöglichkeit* von Kommunikation.

Das beste Beispiel hierfür ist Babel. Die Bibel erzählt, dass die Menschen hochmütig wurden, und einen Turm bauen wollten, der bis zum Himmel reichte.

Gott entschied, sie zu bestrafen, indem er ihre Sprachen verwirrte. Seit diesem misslichen Bauprojekt laborieren Menschen und Medien an Kommunikationsbarrieren.

3

Technik

Alle Medien sind technische Medien. Auch basale Medien wie mündliche Sprache, Ritus und Tanz sind auf Technik angewiesen. Der Technikbegriff muss erweitert werden, sodass er Körpertechniken und Praxen mit umfasst.[16] Entsprechend erscheint es sinnvoll, einen weiten Technikbegriff von einem engen Technikbegriff zu unterscheiden:

– Technik_1	weiter Technikbegriff (technische Praxen, Köpertechniken, Hardware) (altgriechischer Begriff der ›téchne‹)
– Technik_2	enger Technikbegriff (Hardware)

In der medientheoretischen Debatte wird der Technikbegriff häufig auf die Technik_2 verkürzt; der Raum jenseits dessen wird den ›anthropologischen‹ Ansätzen überlassen. Dies ist problematisch.

Im Verlauf der Mediengeschichte verschiebt sich das Gewicht von der Technik_1 hin zur Technik_2, deren innere Komplexität nimmt zu.

Kulturtechniken

In jüngeren Medientheorien taucht häufig der Begriff der Kulturtechniken auf (Krämer).[17] Auch dieser Begriff schließt die technischen Praxen mit ein; er entspricht damit dem hier vorgeschlagenen, weiten Technikkonzept (Technik_1).

Einzelgerät

Technik ist niemals das Einzel-
gerät. Bei der Medientechnik –
wie bei Technik generell – handelt es sich immer um ganze
Technikkomplexe und Tech-
nik-Environments. ›Das Radio‹
steht nur scheinbar übersicht-
lich im Regal. Tatsächlich ist
es Teil eines riesigen Technik-
netzes. Abhängig von einer
Vielzahl von Produktions-, Zu-
liefer- und Distributionstech-
niken auf Senderseite, die sehr
viel schwerer zugänglich und
zu begreifen sind. Und darüber
hinaus ist das Radio abhängig

von der Kupfer- und der Kunststoffindustrie und von elektrischem
Strom ...

Techniktheorie und Techniksoziologie bemühen sich darum, solche Technik-Environments zu beschreiben.[18]

3d-solide

Mit ihrer Technikseite gehören die Medien der Sphäre des Tatsächlichen an. Insbesondere die Hardware ist Teil der 3d-soliden Welt; die Mediennetze sind Teil der materiellen Infrastruktur, in Kühlschränken und Fernsehern arbeiten die gleichen Kondensatoren. Dasselbe gilt für die ökologischen Folgen: Die cadmiumhaltigen Batterien der Tamagochis und Millionen abgelegter VHS-Cassetten belasten die Deponien.

Dies steht in Spannung zum symbolischen Charakter der Medien (Probehandeln).

Entsprechend erscheint es sinnvoll, innerhalb der Medien zwei Ebenen zu unterscheiden:

Medien	Symbole		Probehandeln	reversibel	⊕ 2. Welt
	Medientechnik	3d-solide	Handeln	irreversibel	⊕ 1. Welt

Nach wie vor: Nur die Ebene der Symbole ist für die Medien *spezifisch*.

Plural

Medien gibt es nur im Plural. Jedes einzelne Medium hat seine Gesetze; im Groben sind diese bereits in der Medientechnik festgelegt; im Konkreten lotet die Medienpraxis die Möglichkeiten immer aufs neue aus; die Medientheorie versucht, diese Gesetze zu systematisieren. (Allerdings: Man kann mit einem Kofferradio auch Nägel in die Wand schlagen.)

Es gibt kein Medium, das alle anderen Medien einschließt. Dies gilt auch für den Computer, der häufig als das ›Universalmedium‹ betrachtet wird.

Das Verhältnis der Medien untereinander (Ergänzung? Konstellation? Konkurrenz?) ist eines der schwierigsten Probleme innerhalb der Medienwissenschaft.

Medien kann man nur mit Hilfe von Medien beobachten.

Medienbrüche

Zwischen den einzelnen Medien gibt es Übergänge, Grenzen und *Brüche*.

Diese Brüche sind häufig technisch bedingt; Software kommt auf CDs, das Handbuch – ganz traditionell – im Print. Soll ich das Handbuch zu den CDs oder zu den Büchern stellen? Ebenso können Dateiformate oder Codes inkompatibel sein. Medienbrüche sind Kommunikationsbarrieren. Der Fluss der Zeichen stockt.

Gleichzeitig sind Medienbrüche wichtig, weil sie die Medienlandschaft gliedern und die innere Komplexität der Medien begrenzen. Einzelmedien gibt es nur, weil es Medienbrüche gibt.

Mittel

Technik wird häufig *instrumentalistisch*, als ›Mittel‹ zur Erreichung bestimmter ›Zwecke‹, begriffen; Medientechnik z. B. als ›Mittel der Kommunikation‹.

Dies klammert viele wichtige Dimensionen aus: Betrachtet man sie als ein Mittel, erscheint Technik beliebig *verfügbar*; ihre *Sperrigkeit*, ihre Eigenlogik und ihr Eigengewicht kommen nicht in den Blick. Zudem gehen die menschlichen Zwecke der Technik nicht einfach voran …

Eigengewicht der Technik

Medientechnik hat ein Eigengewicht, mit dem sie allen Inhalten gegenübertritt. Medientechnik schränkt ein, was in einem Medium möglich ist.

Gleichzeitig *eröffnen* neue Medientechniken neue Möglichkeiten.

Medienpraxen arbeiten deshalb immer *mit* der verwendeten Technik und *gegen* sie.

Autonomie der Technik

Die Einsicht, dass Medientechnik ein Eigengewicht hat, wird von manchen Autoren in Richtung einer ›Autonomie‹ technischer Prozesse zugespitzt.

Das Argument wurde vom Prometheus-Mythos bis zum Zauberlehrling vielfach variiert.[19] Es hat seine Wahrheit darin, dass technische Prozesse nicht einfach steuerbar sind und dass technische Artefakte, sind sie einmal in der Welt, eine Art ›Eigenleben‹ entwickeln; ihr Gebrauch und der Möglichkeitsraum, den sie entfalten, gehen in den ursprünglichen Zwecksetzungen niemals auf.

Dies gilt auch für die Medientechnik. Als man die Fernsehfernbedienung erfand, hat wahrscheinlich niemand daran gedacht, dass die Leute *zappen* würden.

Entsprechend gibt es ein Moment von *Blindheit* in der Technikentwicklung.

Dennoch ist das Argument einseitig. Solange es Menschen sind, die die Technik entwickeln, herstellen, pflegen, benutzen und weiterentwickeln, kann von einer ›Autonomie‹ nicht die Rede sein. Das Argument ist unterkomplex, es lenkt von der Frage ab, wie technische und soziale Prozesse zusammenhängen.

K ■■■▫▫ R ■■■■▫

Körperextension

Fast ebenso prominent ist die These, Medientechnik verlängere den Körper – und speziell den Wahrnehmungsapparat, das menschliche Nervensystem – in den Raum des Sozialen hinein (McLuhan).[20]

Auch dieses Argument variiert alte Motive: In der Techniktheorie wurde der Hammer als eine Verlängerung des Arms aufgefasst. Und der Mensch insgesamt als ein ›Prothesengott‹.

Dennoch ist es zu einfach. Denn gilt dies für ein Stahlwerk auch? Schon das Rad hat in der Natur und im menschlichen Körper kein Vorbild. Dies verbietet es, den menschlichen Körper umstandslos ins Zentrum der Technik zu stellen (Tholen).

Betrachtet man vor allem die Technik_2 (hardware), so erscheint die Entwicklung der Medien zentriert auf zwei Pole:

– die Erreichbarkeit einer immer größeren Zahl abwesender Rezipienten/Empfänger und
– die Ermöglichung immer neuer Typen von Zeichenoperationen.

Wenn immer mehr abwesende Empfänger erreichbar werden, trägt dies zur Vernetzung der Welt bei; die Geographie verliert ihre trennende Kraft; immer mehr Menschen bekommen immer mehr miteinander zu tun.

Wichtiger noch ist die Tatsache, dass neue Medien jeweils vollständig neue Zeichenoperationen eröffnen. Vor dem Film war es schlicht unmöglich, das Abbild realer Gegenstände in Bewegung festzuhalten. Die Materialität des Films erlaubt den *Schnitt* und eine Vielzahl von Manipulationen, und damit das freie Spiel mit solchen Bewegungssequenzen.

Technik und Zeichen stehen in enger Wechselbeziehung, bestimmte Zeichensysteme sind nur auf Basis sehr entwickelter Techniken möglich.

Technikgeschichte

Die historische Entwicklung der Medien wird häufig über die Entwicklung der Medientechnik beschrieben. Dies ist unzureichend.

So augenfällig technische Umbrüche und Innovationsschübe sind, so klar ist, dass medientechnische Innovationen ihren Hintergrund im Sozialen, im Ökonomischen, in Strukturerfordernissen und Systemspannungen, in Mentalitäten und Bedürfnisstrukturen haben.

Man wird deshalb Einflüsse in beide Richtungen annehmen müssen: *Medien(-techniken) bestimmen die Gesellschaft, und jede Gesellschaft bringt ihre Medien hervor.*

Dies schließt insbesondere naive Darstellungen aus, die Mediengeschichte als eine ›Erfindergeschichte‹ begreifen.

technological determinism

Die Medientheorie hat die Frage in einem Schema systematisiert (Williams).[21]

Ansätze, die die technische Entwicklung in den Mittelpunkt der Mediengeschichte stellen und soziale Veränderungen vor allem als eine Folge technologischer Entwicklung betrachten (»das Fernsehen hat die Welt verändert ...«), werden in der Theorie als ›technological determinism‹ bezeichnet.

Sozialer Raum

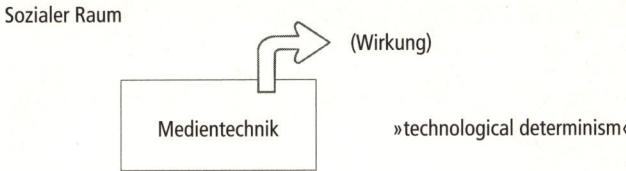

(Wirkung)

Medientechnik   »technological determinism«

symptom approach

Ansätze, die die Medientechnik auf ihre *Herkunft* befragen, werden ›symptom approach‹ genannt. (›symptom‹, weil sie die Technologie als ein Symptom gesellschaftlicher Veränderungen, Systemspannungen und Bedürfnisse auffassen.)

Sozialer Raum

(Ursache)

Medientechnik   »symptom approach«

Zyklus

Beide Ansätze haben recht. Der erste hebt das Eigengewicht und die prägende Kraft der Medientechnik hervor; der zweite fragt plausibel, wie und warum bestimmte Techniken überhaupt in die Welt kommen.

Am sinnvollsten ist es, sich die Determination als wechselseitig, als einen *Zyklus* vorzustellen:

Sozialer Raum

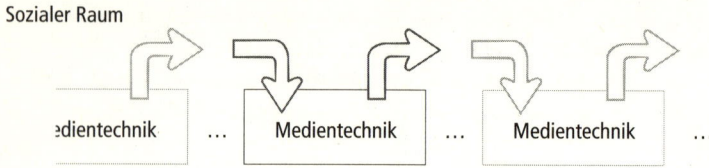

ːdientechnik   ...   Medientechnik   ...   Medientechnik   ...

Einschreibung

Man kann die Technik als eine gesellschaftliche Form der ›Einschreibung‹ betrachten, parallel etwa zur Einschreibung von Inhalten in Texte.[22]

In technische Strukturen sind Entscheidungen eingegangen, Ziele, Wertsetzungen, Präferenzen, Ordnungen, Handlungsvorgaben, Investitionsbereitschaft/Geld usf. Technische Strukturen – und so auch die Medientechnik – könnten auch ganz anders aussehen.

Daneben schreiben sich auch Sachzwänge in Technik ein; der jeweilige ›Stand der Technik‹ begrenzt, was möglich ist.

Einschreibung in Technik ist besonders dauerhaft. Ist erst einmal die ganze Republik mit Koaxialkabel verdrahtet, ist es aufwändig, dies wieder zu ändern; technische Strukturen können schwerer als symbolische wieder aus der Welt geschafft werden.

Ganz besonders schwierig ist es, die Technik auf ihre ›Inhalte‹ hin zu befragen. Technik ist hier wenig auskunftswillig; sie stellt sich dumm, und antwortet – zielgerichtet verkürzt – nur auf der Ebene der *Funktion*. Technik verhält sich ähnlich wie ein verschlüsselter Text.

Die Inhalte zurückzugewinnen, die in Technik eingeschrieben wurden, ist eine der Aufgaben der Medien- und Techniktheorie.

Dispositiv

Ein Begriff, der ebenfalls materiell-technische wie soziale Dimensionen umgreift, ist das Dispositiv.

Foucault und Baudry[23] haben in diesem Begriff zu fassen versucht, dass sich geschichtlich Konstellationen oder Ensembles herausbilden, die den jeweils aktuellen Handlungsraum bestimmen und begrenzen. Im Mittelpunkt des Dispositivs stehen materielle Strukturen (Techniken, Architekturen, Gesamtheit der vorhandenen Texte/Äußerungen). Es umfasst aber ebenso Dispositionen im immateriell-kulturellen Raum, auf Ebene der Individual- und Massenpsychologie, der Wissenssysteme, der Sprache und der Mentalitäten (symptom approach).

Das Dispositiv ist zu weiten Teilen *unbewusst*; es kann, wenn überhaupt, nur im geschichtlichen Abstand, d. h. *rückwirkend* rekonstruiert werden.

primär, sekundär, tertiär

Um zu zeigen, dass Medien und Mediengebrauch zunehmend technikabhängig sind, hat man ›primäre‹, ›sekundäre‹ und ›tertiäre‹ Medien unterschieden.

Primäre Medien kommen ohne Technik (?), also mit ›natürlichen Ressourcen‹ (?) wie der Stimme und dem Hörvermögen aus; sekundäre Medien verlangen spezielle Hardware auf Seiten des Produzenten; tertiäre Medien setzen spezielle Techniken (z. B. Empfangsgeräte) auch auf der Seite der Rezipienten voraus.

›primäre‹ Medien	keine spezielle Hardware	mündl. Sprache, Geste ↘		
›sekundäre‹ Medien	Hardware bei Produktion	↘	Schrift, Musik	Fotografie ↘
›tertiäre‹ Medien	Hardware bei Produktion und Rezeption	↘	Film, Telefon	Fernsehen, Video, Computer, Handy
		Mediengeschichte →		

Diese Einteilung ist durchaus verbreitet; sie geht von einem relativ schlichten Technikverständnis aus und setzt ein weiteres Mal Technik und Hardware gleich. Die hier vertretene Technikauffassung würde dem widersprechen; dennoch ist die Unterscheidung nicht einfach abwegig; sie macht darauf aufmerksam, dass man mit einer DVD ohne Abspielgerät nicht viel anfangen kann.

Professionalisierung

Technik ist ein entscheidender Antrieb zur Professionalisierung und Institutionalisierung im Medienbereich.

Je mehr Technik in einem Medienbereich eingesetzt wird, und je komplizierter diese Technik ist, desto eher wird sich das Medium zu einem eigenen System und einer Institution verfestigen. Dies betrifft die Entwicklung der Hardware (Technik_2), aber auch die Entwicklung immer elaborierterer technischer Kompetenzen bis hin zur Journalistenausbildung (Technik_1). Medieninstitutionen *armieren* sich mit Hilfe der Technik.

Dies bedeutet gleichzeitig, dass die Produzenten- und die Rezipientenrolle klarer getrennt und die Rezipienten von der Produktion zuverlässig ausgeschlossen werden.

Allerdings gibt es eine wichtige Gegentendenz; Technik wird nur auf einer ihrer Seiten immer komplizierter und voraussetzungsvoller – auf der anderen Seite wird sie in drastischen Schritten einfacher und billiger. Profitechniken sickern in den Amateurbereich ein; insbesondere die Digitalisierung hat hier die Verhältnisse völlig verschoben (Desktoppublishing, Video-Journalismus).

Technikeinsatz, institutionelle Verselbstständigung und die Zusammenballung von Kapital stehen in einem engen Wechselverhältnis. Die genannten Faktoren wirken häufig in Richtung einer Zentralisierung.

Technologieeinsatz ist – wie in der Industrie – eine Basis des Kapitals. Mit ihrer zunehmenden Technisierung manövriert sich die Zeichensphäre in ein Bündnis mit der Ökonomie hinein. Dieses Bündnis ist durchaus problematisch.

Operationen

Medien haben einen *operativen Aspekt*, und dieser ist aufs engste verschränkt mit der *Technik*.[24]

Die Schriftgeschichte etwa beginnt mit Zählsteinen (Tokens), die jeweils wirtschaftliche Einheiten (ein Schaf, ein Maß Gerste ...) repräsentierten. Mit diesen Tokens konnte man rechnen, Mengen bilden oder Mengen teilen. Hieraus entsteht das Rechenbrett (Abakus). Tokens konnte man mit einem Boten auch versenden. All dies sind materiell-praktische Operationen.

Der operative Aspekt betrifft eher die Hände als den Kopf. Die Materialität der Medien macht es möglich, ›mit den Händen zu denken‹.

prozessieren

Kittler unterscheidet drei Medienfunktionen: Übertragen, Speichern und Prozessieren.[25]

Die Trennung ist abgeleitet von der Arbeitsweise des Computers, und damit eine Technikmetapher. Dennoch ist sie fruchtbar; vor allem, weil sie den Blick auf die dritte, am wenigsten beachtete Medienfunktion lenkt. Das Prozessieren steht dem operativen Aspekt am nächsten.

Die meisten Medien erfüllen zwei oder alle drei dieser Medienfunktionen. Ordnet man die einzelnen Medien dennoch zu, kann es nur darum gehen, wo diese ihren Schwerpunkt haben:

Übertragen	Bote, Sprache	Brief, Post	Telegraphie, Telefon	Radio, Fernsehen, Datennetz
Speichern	Monumente, Ritus, (Körper/ Gedächtnis) (Werkzeug)	Schrift, Bildwerke, Archiv	Grammophon, Film	Video, digit. Speicher
Prozessieren		Abakus, Rechnen		Computer
	Medien*produktion*			
	Mediengeschichte →			

umschreiben

Prozessieren heißt häufig schreiben, umschreiben, transformieren oder übersetzen. Ein Musiker übersetzt Notenschrift in Klänge, ein Filmprojektor eine Reihe stehender Bilder in eine Bewegungsillusion. Eine Rechenmaschine prozessiert Zahlen, um ein Ergebnis zu liefern. Ein Autor, hat man polemisch gesagt, ist eine Maschine, die aus vielen alten Büchern ein neues Buch macht.

Medienwechsel

Auch wer von einem Medium ins andere will, muss umschreiben und übersetzen. Umschreiben kann dazu dienen, Medienbrüche zu überbrücken.

Medienwechsel sind dabei alles andere als trivial. Sie machen deutlich, dass Medien *Grenzen* haben.

Intermedialität

Wird ein Medieninhalt in ein neues Medium übersetzt, spricht man von Intermedialität. Standardbeispiel ist die Literaturverfilmung; intermediale Übernahmen gibt es in allen Medien.

Theorien zur Intermedialität stellen die Frage allgemeiner; sie zielen darauf ab, Einzelmedien systematisch zu vergleichen.

Maschinen

Prozessieren können Menschen oder auch Maschinen. Der Computer hat hier seine größte Stärke; er ist dasjenige Medium, das Umschreiben und Übersetzen programmgesteuert (›automatisch‹) vollzieht; in seinem Kern sitzt ein ›Prozessor‹. Verglichen mit einem Filmprojektor übersetzt er ungeheuer vielfältig und flexibel: Computer können Zahlen in Graphiken übersetzen, Bilder in Klänge oder die Schnittrhythmen eines Films in einen drum track.

Und eigentlich übersetzt der Computer immer: unsinnliche Bits in jene Zeichen, die für menschliche Augen lesbar und zugänglich sind.

Automaten

(Automaten im eigentlichen Sinne aber gibt es nicht. Es gibt nur Maschinen, die man, während sie ein Programm abarbeiten, eine Weile allein lassen kann.

Und es gibt Maschinen, deren Prozessieren nicht-triviale (nicht voraussagbare) Ergebnisse liefert.)

Gerätekommunikation

Es gibt Botschaften, die sich nicht an Menschen, sondern an Maschinen richten. Im Groben gilt dies schon für die VHS-Cassette – und für alle ›tertiären‹ Medien, die zunächst das Abspielgerät und erst dann den Rezipienten adressieren.

Maschinenlesbarkeit

Maschinenlesbar nennt man solche Botschaften, die auf *Zeichenebene* maschinell weiterverarbeitet (prozessiert) werden können.

Hier unterscheiden sich z. B. Fax und Telegraphie: weil das Faxgerät die übertragene Seite als ein Bildraster auffasst, weiß es von den einzelnen Zeichen nichts. Zentral wird die Maschinenlesbarkeit für den Computer:

Hier wird eine geschlossene Kette der Zeichenverarbeitung realisiert: Einmal erfasste Zeichen können immer aufs neue umgeformt und weiterverarbeitet werden.

Dennoch bleibt auch Maschinenlesbarkeit eine Metapher. Während ›Lesen‹ die Bedeutungsdimension und die Applikation auf Kontexte mit umfassen würde, bleibt der Computer auf mechanisch-syntaktische Operationen beschränkt.

Medienproduktion

Alle Medien*produktion* kann man als das Prozessieren von Inhalten in einem Medium auffassen.

Medienproduktion ist eine technische Manipulation; und speziell: eine Manipulation in und an Zeichen.

Gegenüber

Betrachtet man den operativen Aspekt, geht es weniger um ›Kommunikation‹ als um eine Kommunikation zwischen Mensch und Material:

– Mensch und Medientechnologie
– Mensch und Zeichensystem.

Das Medium wird zum *Gegenüber*.

Widerstand

Im Material, in der Medientechnologie und im Zeichensystem stößt das Prozessieren auf *Widerstand*, an dem es sich produktiv abarbeitet.

Da Prozessieren *Umarbeiten*, *Umformen* und *Verändern* ist, reibt es sich an der Struktur des Bestehenden, seiner Trägheit und seiner Beharrungskraft.

Dichter haben immer beklagt, dass sie *an der Sprache und gegen die Sprache arbeiten* müssen, um ihre Werke zu schaffen. Dasselbe gilt für alle Medientechnik; auch ein Musiker kann seine Technik nicht einfach ›benutzen‹.

Hinter dem Widerstand der *Technik* steht als letzte Instanz – die *Natur*.

Alle Technik hat es mit den Grenzen der Natur und ihren Gesetze zu tun; die Zeichenoperationen negieren dies – ein Computerspiel kann die Schwerkraft spielend außer Kraft setzen. Mit ihrem Zeichenkörper aber bleiben auch die Zeichen an die Naturgesetze gebunden.

Mit Medientechnik zu spielen ist – indirekt – immer ein Spielen auch mit der Natur.

Erkenntnis

Medien und Zeichen sind in den Prozess der wissenschaftlichen Erkenntnis tief involviert.

Zeichenoperationen und Empirie/Experiment stehen in einem engen Wechselverhältnis.

Messdaten

Messdaten sind ein interessanter Grenzfall. Messgeräte wandeln nach einer Vorgabe, die im technischen Apparat selbst niedergelegt ist, Naturvorgänge in Symbole um.

Messdaten also stehen mit einem Fuß im Tatsächlichen, mit dem anderen – als Daten/Zeichen/Symbole – im Feld der Medien.

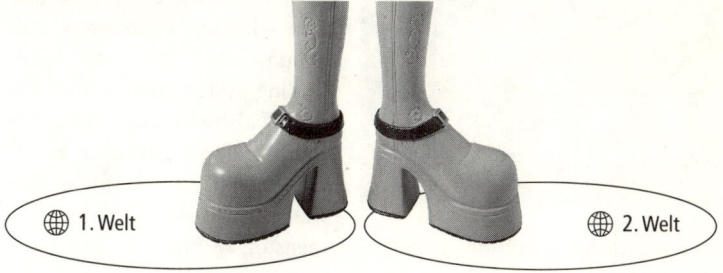

1. Welt   2. Welt

Wahrnehmungsmedien

In ähnlicher Weise hat man versucht, den Medienbegriff auf sogenannte ›Wahrnehmungsmedien‹ zu erweitern.[26] Beispiel seien Fernrohr und Mikroskop oder bildgebende Verfahren wie der Computertomograph.

Eine systematische Theorie, wie Wahrnehmungsmedien in den Medienbegriff einzubeziehen wären, gibt es nicht. Die hier vertretene Mediendefinition würde sie unter die operative Dimension rechnen.

operativ ↑ ↓ kommunikativ	›Wahr- nehmungs- medien‹ Medien		Fernrohr	Messgeräte	Bildgebende Verfahren
		Kalender (Magie)		Fotokamera, Filmkamera	Computer
				Fotografie	
		Sprache		Film	
		Mediengeschichte →			

Weltbezug

Wahrnehmungsmedien und Messdaten gehen von der außersymbolischen Welt aus und übersetzen sie in Symbole.

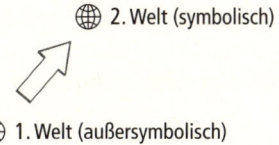

2. Welt (symbolisch)

1. Welt (außersymbolisch)

Wenn Zeichen Realvorgänge steuern/regeln, ist dies umgekehrt. Die Zeichen wirken ›performativ‹ auf die tatsächliche Welt ein:

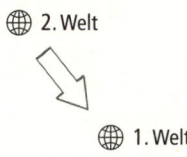

2. Welt

1. Welt

Operativ oder *repräsentativ* aber können Medien nur dort funktionieren, wo sie auf kausal(?)-direkte Weltbezüge *verzichten*.

kommunikativ versus operativ

Insgesamt ist es falsch, Medien allein unter dem Aspekt der Kommunikation zu betrachten. Gerade die Medien*technik* erzwingt Aufmerksamkeit auch für die operative Seite.

Nur in einer Dimension richten sich mediale Prozesse auf den menschlichen Anderen. Und:

Kommunikative und operative Dimension stehen durchaus in einem Spannungsverhältnis.

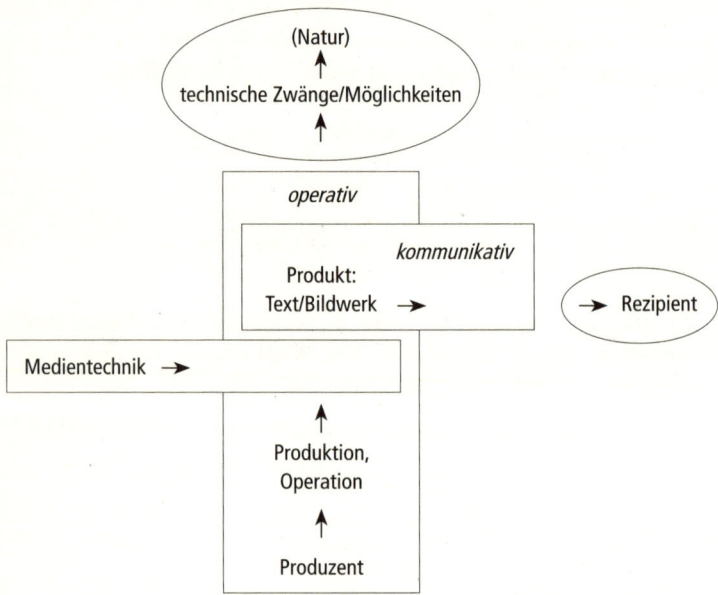

Und schließlich gibt es einige Einzelbegriffe, die im Feld der Medientechnik wichtig sind.

Im Mittelpunkt vieler Medientechnik-Konzepte steht die Vorstellung des *Kanals* (und dem McLuhan-Klassiker ›Understanding Media‹ hat man den dt. Titel ›Die magischen Kanäle‹ gegeben).

Kanäle dienen dem Transport; sie sind künstlich angelegt, und sie *bündeln* den Verkehr.

Gleichzeitig haben sie immer nur eine bestimmte *Breite*.

Breite

Verglichen mit einer mündlichen Äußerung ist z. B. die *Schrift* ein sehr schmaler Kanal; sie kann zwar die Abfolge der Worte übertragen, die Stimmlage und den Tonfall aber muss sie ausblenden. Die face-to-face-Kommunikation dagegen ist breit: Mimik und Gestik des Gegenübers, das situative Umfeld und sogar Gerüche tragen zur Information bei. Die audiovisuellen Medien imitieren dies; ein Film etwa kann Tonfall, Gestik, Mimik und das visuelle Umfeld reproduzieren.

Die Breite des Kanals ist abhängig von der verwendeten Technik.

Kanal breit	face-to-face-Kommunikation				(»Events«, Themenparks)
				audiovisuelle Medien	
	Bildwerke		Grammophon		
Kanal schmal		Schrift, Notenschrift	Telegraphie		
	Mediengeschichte →				

Quantitäten

Medientechnik hat es immer auch mit Problemen der *Menge* zu tun.
Diese sind bei den unterschiedlichen Medien sehr unterschiedlich.

Anforderung an Speicher und technische Übertragungskapazität		Datenübertragungsrate bzw. Speicherbedarf (Mbit)	
sehr hoch	HDTV	1000	pro Material-Sekunde
hoch	Bewegtbild, Fernsehen:	400	pro Material-Sekunde
↑	komprimiert:	3	
	Musik (Hifi):	1,4	pro Material-Sekunde
	komprimiert:	0,25	pro Material-Sekunde
↓	Bilder (4 Mio Pixel):	(96	pro Bild)
	komprimiert:	(12	pro Bild)
gering	mündl. Sprache, Telefon:	0,06	pro Material-Sekunde
sehr gering	Schrift, Telegraphie, E-Mail:	(0,016	pro Seite)

Sinne

Auch die Physiologie der menschlichen Wahrnehmung kennt ›Kanäle‹, die *Sinneskanäle*.

Medien operieren häufig auf Basis *einzelner* Sinne. Zwischen den technischen Kanälen der Medien und den Sinneskanälen gibt es eine klare Entsprechung: Die technischen Medien docken an die Sinneskanäle an.

Fernsinne, »höhere Sinne«					
Sehen	Bildwerke	Schrift	Fotografie	Film, Fernsehen, Audiovision	»Screen media«
Hören	mündliche Sprache, Musik				Popmusik
Riechen		(Weihrauch)		(Parfum)	
Schmecken	(Nahrung)	(Abendmahl)			(Aromastoffe, Food design)
Fühlen, Tasten	(Arbeit), Tanz, (Sex)	(Dinge, Waren)			Force-feedback, Vibracall, Popmusik, Bass
Nahsinne, »niedere Sinne«	Mediengeschichte →				

Auffällig ist, dass die Medien vor allem die »höheren« Sinne bedienen. Sie gelten als analytischer und haben – zumindest für den menschlichen Wahrnehmungsapparat – das höhere Auflösungsvermögen. Hätten Hunde das Fernsehen entwickelt, wäre es sicher ein Fernriechen geworden.

Die niederen Sinne sind mit Tierheit assoziiert, die ›höheren‹ standen lange im Zentrum einer auf Kopf und Ratio zentrierten menschlichen Selbstdefinition.

analog, digital

Die Welt der Medien zerfällt in analog und digital.

Analoge Medien prozessieren, übertragen und speichern ihre Signale kontinuierlich (Lautstrom der Stimme, Radiowelle, Fernsehen), digitale Medien zerlegen jeden Inhalt in Schritte.

Der binäre Code ist das strikteste digitale System.

Technisch können beide Modi sauber getrennt werden. Jenseits dessen aber wird die Unterscheidung überschätzt; denn ist ein Medienphänomen wie der Rhythmus analog oder digital? Oder die Keilschrift?

Das Phänomen des Digitalen gibt es nur im Symbolischen; die reale Welt ist irreduzibel analog. Sie kennt nur *Unterschiede*, die das Symbolische aufgreifen und bis ins Digitale hinein *stilisieren* kann.

Weil auch der menschliche Sinnesapparat analog funktioniert, müssen alle digitalen Botschaften irgendwann wieder ins Analoge umgesetzt werden (CDs sind digital, digitale Lautsprecher aber gibt es nicht).

Jede Umsetzung von analog zu digital oder umgekehrt bringt Verluste mit sich.

Auflösung

Alle Medien haben eine *Auflösung*. Diese hängt ebenfalls mit der verwendeten Technik und der Breite der Kanäle zusammen.

Deutlich wurde dies zuerst in der Fotografie: Die Größe und die Qualität des Negativs erlaubt Vergrößerungen nur bis zu einer bestimmten Größe; vergrößert man weiter, sieht man das ›Korn‹ der chemisch-lichtempfindlichen Schicht.

Frühe Grammophonplatten mussten mit 78 Umdrehungen laufen, um eine ausreichende Auflösung zu haben; nach der Langspielplatte (mit 33 U/min) kam die Maxisingle (wieder 45 U/min), mit einem besonders brillanten Klang speziell für die Disco.

Dramatisch schließlich wird die Frage im Digitalen: Die Umsetzung in Bits und Pixel (›Quantisierung‹) legt unwiderruflich eine Auflösung fest. Dies gilt für digitale Bilder und Bewegtbilder, aber auch z. B. für die Samplingrate im Audiobereich.

Die Auflösung ist keineswegs nur ein technischer Parameter; sie hat Auswirkungen auf die Ästhetik, die technische Übertragbarkeit, sowie die Kosten, die ökonomische Seite der Medienprozesse.

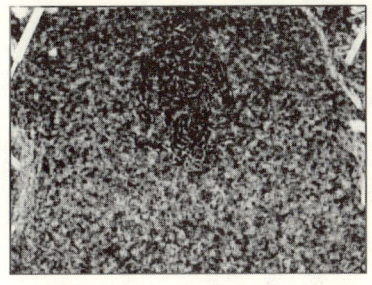

Vorgänge medialer Übertragung sind bedroht durch das ›Rauschen‹ (Shannon/Weaver).[27] In diesem Begriff fasst man alle Typen von Störungen zusammen, die einem Signal auf seinem Weg zustoßen können; immer droht das Signal im Rauschen schlicht unterzugehen.

Völlig verhindern kann man das Rauschen nicht. Technisch hat man deshalb versucht, Signal und Rauschen auf den größtmöglichen *Abstand* zu bringen. Was wir HiFi nennen, ist im Wesentlichen über den Rauschabstand definiert.

In der Digitaltechnik hat man das Rauschen weitgehend besiegt; der Preis hierfür allerdings ist hoch: Man muss den Schall 42 000-mal pro Sekunde abtasten und erhält geradezu unhygienische Mengen an Daten; in den Artefakten des rechnerisch komprimierten Digitalfernsehens kehrt das Rauschen auch ins Digitale zurück.

4

›Form‹ und ›Inhalt‹

Medien erlegen dem Kommunizierten eine Form auf.

Sie sind selbst Form (geformt) und sie erzwingen bestimmte Formen: Alles Kommunizierte muss eine bestimmte Form annehmen, damit es durch die Kanäle passt.

Information

Eng verwandt mit dem Begriff der Form ist der der *Information*. Und es ist eine populäre Annahme, Medien hätten es letztlich immer mit ›Informationen‹ zu tun. Auch dieser Begriff aber ist problematisch.

In seiner üblichen Fassung ist er zu eng: Denn kann man sagen, dass die Popmusik (oder eine Diskothek) ›Informationen‹ verteilt? ›Information‹ erscheint als ein verdinglichtes Konzept, das – abgeleitet vom Computer oder aus der Publizistik/Nachrichtensphäre – suggeriert, alle Medienprozesse gehorchten ähnlichen Regeln. Zudem ist ›Information‹ meist kompensatorisch auf ›Unterhaltung‹ bezogen.

Brauchbar erscheint allenfalls ein sehr weiter Begriff; Flusser nämlich hat gesagt, man könne Edelstahl so ›informieren‹, dass Kochtöpfe daraus würden.[28]

Angewandt auf Medienprozesse würde die Kommunikationsfunktion damit eher in den Hintergrund treten; das Gewicht läge auf der Formgebung selbst.

Format

Der Begriff des *Formats* wird in den Medien auf vielfältige Weise verwendet. Er kann einerseits bewusst gesetzte *Normen* bezeichnen (Dateiformate, DIN-A4-Format), dann allgemeiner Genres und Konventionen, die sich geschichtlich herausgebildet haben (Radio- und Fernsehformate); und schließlich exakt definierte Programmkonzepte, die urheberrechtlich geschützt und als Lizenz weiterverkauft werden.

Medien formen Botschaften

Wenn Medien Botschaften formen, dann weil sie die Formate vorgeben, in denen Botschaften überhaupt nur formuliert werden können.

Die Medien dürfen auch hier nicht auf die Technik verkürzt werden; zu den Medien gehört alles: die Techniken, die Codes und die Praxen.

Botschaften formen Medien

Aber auch das Gegenteil gilt:

Die Arbeit an Medieninhalten (Botschaften) und der Mediengebrauch haben Einfluss auf die Weiterentwicklung der Medien, und damit auf ihre jeweils zukünftige Form.

Kameras wurden in enger Wechselwirkung mit Fotografen und nach ihren Anforderungen weiterentwickelt.

gleichgültig

Eine Gegenthese hierzu wäre, dass Medien in gewissem Maße *gleich-gültig* gegen die transportierten Inhalte sind.

Die Institution der Post ist mit den Inhalten der Briefe nicht befasst, sie etabliert ihre Netze jenseits der Inhalte, nach eigenen Regeln und mit eigenen Techniken (Siegert).[29]

Medien sind nicht neutral

Medien sind nicht neutral.

Wenn Medien *Form* sind, dann macht diese Form bestimmte Inhalte möglich und andere unmöglich oder unwahrscheinlich.[30]

In einem gegebenen Medium kann man keineswegs alles sagen.

Formgebung innerhalb von Medien nennt man Artikulation.

(Man kann aber auch die Medien selbst ›artikuliert‹ nennen.)

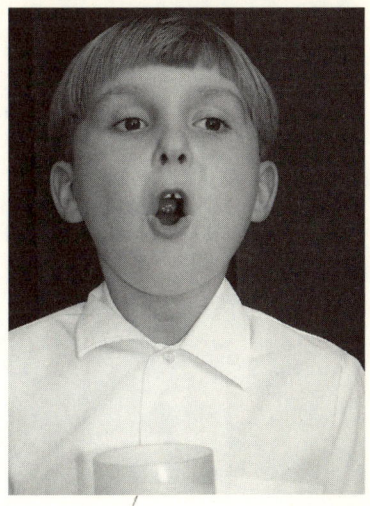

artikuliert, unartikuliert

Und Medieninhalte können mehr oder weniger artikuliert – mehr oder weniger durchgeformt – sein. Wer sich mit dem Hammer auf den Daumen schlägt, wird sich wenig artikuliert äußern.

Die Medien haben sich in Richtung immer artikulierterer Systeme entwickelt.

Aber auch der umgekehrte Weg gilt: Medientechniken machen gezielt auch *wenig artikulierte* Äußerungen möglich. Die Popmusik etwa kann – ›Uuuuh, Uuuuh, Baby‹ – Lust und Schmerz auf CDs bannen.

Sind es immer ›Inhalte‹, die in der Artikulation ihre Form finden?

Man kann das Konzept auch radikalisieren: Da es eine Artikulation außerhalb von Medien nicht gibt, und da Medien überhaupt erst die Mittel für eine Artikulation zur Verfügung stellen, gibt es ›Inhalte‹ unabhängig von den Möglichkeiten ihrer Artikulation eigentlich nicht.

Es ist keineswegs so, dass ein Sprecher in Worte fasst, was vorher – unabhängig davon – bereits vorliegen würde. Gedanken z. B. sind durch das Raster der symbolischen Systeme immer schon strukturiert.

Eigenlogik, Eigengewicht

Im Einfluss auf die Inhalte und mit Blick auf die ›Artikulation‹ wird deutlich, dass Medien ein *Eigengewicht* haben.

Die Formvorgaben des Mediums sind abstrakter und höher standardisiert als die Inhalte.

Techniken, Standards und Übertragungsprotokolle bilden eine Ebene der *Allgemeinheit* oberhalb jedweder Inhalte. Auf diese Weise sind sie zunächst offener als diese, gleichzeitig aber besonders hart definiert und entsprechend unumgänglich.

Zwei Ebenen der Artikulation

Es ergeben sich *zwei Ebenen der Artikulation*: Während die Nutzer eines Mediums sich innerhalb der Mediengrenzen artikulieren, werden auf einer zweiten Ebene die Medientechnik und die Standards artikuliert. Diese zweite Ebene liegt in jedem Fall in der Hand von Spezialisten.

Artikulation_2:	Artikulation der Medientechnik und der Standards	Spezialisten
Artikulation_1:	Artikulation *im* Medium, ›Nutzung‹ des Mediums	Nutzer

Beispiel sei das Telefon, das zwischen Telefonbenutzung und Telefontechnik sauber trennt.

Andere Medien wie das Medium der Sprache kennen diese Trennung nicht.

Zeichen sind notwendig abstrakt, Medien sind Maschinen der Abstraktion.

Allerdings unterscheiden sie sich im *Maß*, in dem sie von konkreten Tatbeständen abstrahieren.

abstrakt ↑	Kalender-knochen, Inzisionen	(Metaphysik, religiöse Systeme)	Mathe-matik		Formal-sprachen
	Begriffe, Sprache	Zählsteine, Abakus, Schrift			
	Bildwerke	Bilder-schriften	Malerei, Graphik		
↓ konkret	(Lautmalerei, Nachahmung)			Fotografie, Film	
	Mediengeschichte →				

Formalisierung, Formalsprachen

Die wohl abstraktesten Zeichensysteme sind die Formalsprachen (Mathematik, Algorithmen, Computer).

Dies hat zu der Auffassung geführt, Formalsprachen seien *ausschließlich* abstrakt, sie hätten sich von jedem Weltbezug völlig gelöst und seien in ein freies Spiel nur mit den eigenen Regeln übergegangen.

Für diese Annahme spricht, dass Formalsprachen sich – vor allem anderen – am Kriterium innerer Widerspruchsfreiheit ausrichten. Diese Widerspruchsfreiheit kann mit den Mitteln der Logik mechanisch geprüft werden; Aussagen, die in einer Formalsprache formuliert wurden, sind mechanisierbar und können auf einer Maschine (z. B. auf einem Computer) implementiert werden. (Diese Kriterien gelten für andere Zeichensysteme nicht.)

Dennoch ist die Auffassung keineswegs zwingend. Die Mathematik wurde in ständiger Wechselbeziehung zu praktischen Aufgaben entwickelt. Ingenieurwesen und *Technik* greifen formalsprachliche Modelle auf und testen sie in der tatsächlichen Welt. (Hält die Brücke den Naturkräften stand, ist auch das zugrunde liegende Berechnungsmodell ›verifiziert‹.) Die Naturwissenschaften insgesamt oszillieren zwischen formalen Modellen und *Experiment*.

Formalsprachliche Modelle also sind keineswegs vollständig weltfrei-abstrakt. Die Annahme, dass ihre Ordnungsmodelle in der Natur selbst eine Entsprechung finden, ist ohne Zweifel ein *Wahrheitsmodell*.

Auch Musik ist vor allem *Form*.

Musik verbindet weit Auseinanderliegendes: Ordnung mit Intuition, Mathematik mit Variation, Spiel, Überschreitung und körperlichem Genuss.

Ornament

Strikt formal und zunächst ohne Bezug auf ›Bedeutung‹ ist das Ornament.

Eine besondere Rolle spielen Ornamente in der islamischen Kultur. Hintergrund ist ein Bilderverbot, das noch strenger als das christliche ist; nicht nur Bildnisse Gottes, sondern auch figürliche Darstellungen von Menschen sind verboten.

Auch das früheste Kunstwerk der Menschheit (ca. 77000 Jahre alt) wirkt abstrakt/ornamental.

syntaktisch, semantisch

Aus der Sprachtheorie hat man die Unterscheidung von Syntax und Semantik übernommen und auf allgemeinere Mechanismen auch in anderen Medien angewandt.

›Syntaktisch‹ meint die materielle Nebeneinanderordnung symbolischer Elemente in Zeit und Raum. ›Semantisch‹ meint die Ebene der *Bedeutung*.

Diese Trennung ist plausibel, insofern man syntaktische Operationen vornehmen kann, ohne irgendeine Rücksicht auf die Bedeutung der verwendeten Elemente zu nehmen. (So kann man, rein mechanisch, beliebige Filmschnipsel hintereinanderschneiden). Auch Algorithmen operieren zunächst auf rein syntaktischer Ebene.

Dennoch ist die Trennung ein Problem. Sie unterstellt, dass die ›Bedeutung‹ der verwendeten Elemente etwas *Zusätzliches* wäre, das den ›eigentlichen‹ syntaktischen Medienoperationen (wie ein Affe auf dem Rücken) nur aufhängt. Das ist unplausibel. *Zeichen ohne semantische Dimension gibt es nicht.* Und noch die ›formalste‹, syntaktischste Operation hat semantische Implikationen.

(Die Frage nach Syntax und Semantik ist insofern verwandt mit der Frage, ob Formalsprachen ›rein‹ oder eben doch welthaltig sind.)

Erzählung und Formalisierung

Böhme hat in einem Aufsatz zum Büro (zu Abstraktion und Bürokratisierung) eine Systematik vorgeschlagen, die besonders interessant ist.[31]

Er beobachtet, dass ein Vorgang, bevor er in einem Büro zu einem Vorgang wird, bestimmte Stufen der Formalisierung durchlaufen muss. Beispiel sei eine Versicherung:

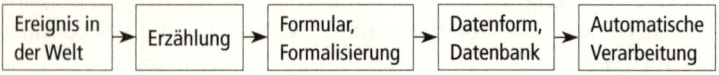

Dieses Schema ist deshalb so interessant, weil man folgern kann, dass ›Erzählmedien‹ wie die Literatur oder der Spielfilm einfach auf einer niedrigeren Stufe der Formalisierung stehenbleiben:

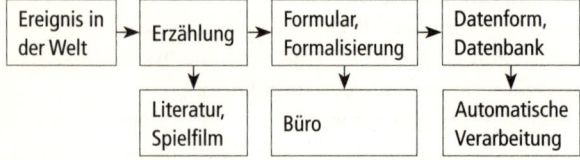

Etwas genereller kann man Medien danach unterscheiden, welchen Typus von Verallgemeinerung sie vornehmen.

Struktur-Abstraktion		Abakus	Zahlen, Mathematik	(Natur-gesetze)	Formal-sprachen
↑ ↑	Kalender-knochen, Inzisionen	Zählsteine			
begrifflich ↑	Sprache		(Humanwis-senschaft)		
allegorisch ↑	(religiöse Systeme)	Skulptur			
exemplarisch ↑			Literatur	Illustrierte, Starsystem	
Einzelfall, Konkretion				Fotografie, Film	Fernsehen
Mediengeschichte →					

Einzelfälle und Konkretion gibt es in den Medien eigentlich nicht. Einmal medial repräsentiert, ist das Konkrete nicht mehr konkret, sondern eben symbolisch; dennoch argumentieren vor allem die Bildmedien mit dem jeweils einzelnen Einzelfall. Implizit ist dies bereits *exemplarisch*. Literatur oder Theater, die ›Figuren‹ schaffen, bewegen sich immer auf dieser Ebene. Steht vor einem Landgericht eine ›Justitia‹, ist dies eine Allegorie; die Darstellung ist zwar figürlich, eigentlich aber die Rückversinnlichung eines abstrakten Begriffs. Sprachliche Begriffe wie ›Gerechtigkeit‹ wären immer abstrakt, die Abstraktionsstufen jenseits dessen möchte ich ›Strukturabstraktion‹ nennen.

Idealisierung

Medien und Zeichensysteme haben eine Tendenz zur Idealisierung.

Idealisierung ist eine Variante der Abstraktion, dennoch aber von ihr zu unterscheiden.

Schon eine Graphik ist eine idealisierte Darstellung, die den Gegenstand auf seine ›wesentlichen Züge‹, und im Kern auf seinen Umriss reduziert. Eine Fotografie würde hier anders verfahren.

Strategien der Idealisierung reichen von antiken Skulpturen über den Kult der Schönheit in Kunst und Medien bis zu Hollywoods Starsystem; Idealisierung argumentiert mit einem ›bigger than life‹. Und ebenso in der Wahl der Inhalte. Fiktionale Medien werden selten die kleinen Dinge des Lebens verhandeln; immer geht es um die Existenz, um Rand- und Entscheidungssituationen, die ganz große Liebe, das Verbrechen oder den Mord. (In den fiktionalen Formaten des Fernsehens wird überproportional häufig mit erhöhter Stimme gesprochen.)

Mit der Idealisierung ist oft eine Fetischisierung verbunden; die Haut des Stars muss makellos sein; die Perfektion der Körper nähert sich der Welt der Dinge – oder eben der *Ideen* – an.

Medien und Symbolsysteme suchen – manchmal verzweifelt – nach Signifikanz. In der Flut des Tatsächlichen, und mehr noch: der Zeichen, des Machbaren, Möglichen, *muss* es Herausragendes geben, Medien sind eine gesellschaftliche Maschine zum Auffinden signifikanter Einzelfälle und signifikanter Strukturen.

Die ›Nachrichtenwerttheorie‹ beschreibt exakt dies, dass es *Kriterien* gibt, nach denen Medien signifikant von nicht signifikant (und nachrichtenwert von irrelevant) unterscheiden.

In anderen Fällen stellen die Medien die Signifikanz her. Probeweise, könnte man sagen, als einen *Test* auf die mögliche Signifikanz des Gezeigten.

Diskurse plätschern keineswegs einfach flächig dahin. Sie haben eine Tendenz, sich an wenigen Stellen *zusammenzuballen*. Der ›Hit‹ z. B. ist signifikant, eben weil er ein Hit ist. An diesen Stellen türmt sich etwas auf, mit dem Effekt, dass es von weitem zu sehen ist.

Selektion, Gatekeeper

Medien wählen aus. Um die Signifikanz ihrer Aussagen zu steigern, werden die Inhalte wieder und wieder *gefiltert*. Das gilt für Nachrichten und für fiktionale Formate wie den Kinofilm, wo nur eine von 100 Skriptideen entwickelt, nur eines von 100 entwickelten Skripts verfilmt, nur einer von 10 Takes in den Film übernommen, und nur einer von 10 fertigen Filmen (!) tatsächlich in die Kinos gebracht wird. Unendlich viel Material wird auf irgendeiner dieser Stufen als irrelevant aussortiert.

Die Publizistik/Zeitungswissenschaft hat dies in der Figur des Gatekeepers gefasst. Wie ein Cherub wacht der Medienprofi darüber, was und wer Zugang zu den Medieninstitutionen erhält. Professionalität besteht u. a. in der Beherrschung der Auswahlkriterien; der entscheidende Moment für jeden Fernsehbeitrag ist die ›Abnahme‹ durch die Verantwortlichen.

(Fernsehanstalten und Rechenzentren übrigens sind auch physisch bis ins Absurde gesichert. Der erste Gatekeeper, den man passieren muss, um Zugang zu haben, ist der Securitymann am riesigen Rolltor.)

Ausschluss

Selektion heißt gleichzeitig, dass Inhalte, deren Darstellung möglich wäre, von der Darstellung ausgeschlossen werden.

Zensur

Der klarste Fall ist die Zensur, die entweder direkt vom Staat oder indirekt von ›Selbstverwaltungs- und Kontrollorganen‹ ausgeübt werden kann. Noch weit häufiger und wirksamer ist die *Selbstzensur*. Medienprofis *wissen*, was opportun und was möglich ist, und was nicht. An dieser Stelle gehen Professionalität und Selbstzensur/ Selbstbeschränkung eine unübersichtliche Verbindung ein.

Tabu

Darüber hinaus gibt es gesellschaftliche und mediale *Tabus*. Vor allem die Darstellung von Sexualität und Gewalt wird strikt begrenzt und sorgfältig bewacht. Tabu kann aber auch das *Unaussprechliche* sein; hier geht die Frage nach dem Ausschluss in die Frage nach dem *Unbewussten* der Medien über.

Selektion, Ausschluss, Zensur und Tabu werfen die Frage auf, auf welcher Ebene die fraglichen Inhalte in einer Gesellschaft *überhaupt* kommuniziert, reflektiert und weitergegeben werden. Indirekte Weisen der Darstellung sind eine wichtige *Form*.

Relevanz

Anders als Signifikanz ist *Relevanz* vom Empfänger her bestimmt. Relevant kann ein Medieninhalt nur *für jemanden* sein.

Medien suchen Signifikanz, eigentlich aber suchen sie Relevanz. Manche Unterschiede machen einen Unterschied, andere nicht.

Verallgemeinerung, Abstraktion, Idealisierung, Signifikanz, Selektion – und gleichzeitig ringen Medien und Symbolsysteme um *Realitätsbezug* und um *Realismus*.

Über beide ist viel gespottet worden und eine erkenntniskritische Medientheorie hat sie nahezu vollständig demontiert. Dennoch sind Medien und Zeichen ohne Realitätsbezug – als ein *reines* Spiel, das *nur* seinen eigenen Regeln folgt – nicht denkbar. Die Pointe der Fotografie ist eben nicht, dass man sie fälschen kann, sondern dass sie schlagend ›realistische‹

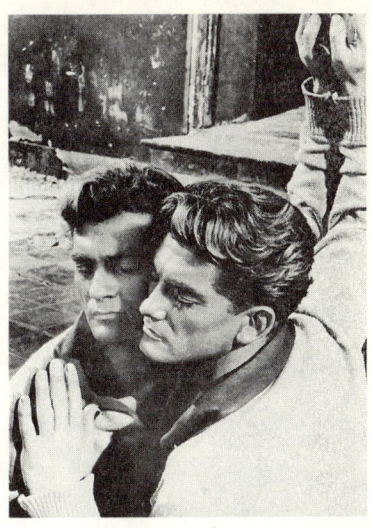

Bilder liefert.[32] (Im Alltag machen wir ständig von Realismus-Annahmen Gebrauch, auch wenn wir sie theoretisch leugnen.)

Ausnahmslos alle Medien und Symbolsysteme behaupten einen Weltbezug, allerdings in unterschiedlichem Maß und in unterschiedlicher Weise.

Und könnte es überhaupt anders sein? Wenn Zeichen nicht den Anspruch hätten die Welt zu erschließen, hieße dies, dass die Welt immer schon erschlossen wäre. *Und Realismus/Referenz heißt eben keineswegs Widerspiegelung oder eine schlichte Verdopplung der Welt in den Zeichen.*

Ordnungen

Wenn Zeichensysteme (Codes) Groß-Ordnungen sind, die in ihrer inneren Struktur die Weltsicht ganzer Gesellschaften festhalten, dann sind auch diese nicht neutral.

Wie die Medientechnik determiniert auch der Code den Raum, in dem Inhalte überhaupt nur artikuliert werden können, und wie die Technik schreibt auch der Code an den Botschaften mit.

5

Medien überwinden Raum und Zeit (Innis).[33] Dies kann als das grundlegende ›Koordinatensystem‹ der Medien beschrieben werden. Die Achse der Raumüberwindung ist diejenige der »Kommunikation« bzw. Telekommunikation; die Achse der Zeit meint die Funktion der Medien für Überlieferung und Tradierung.

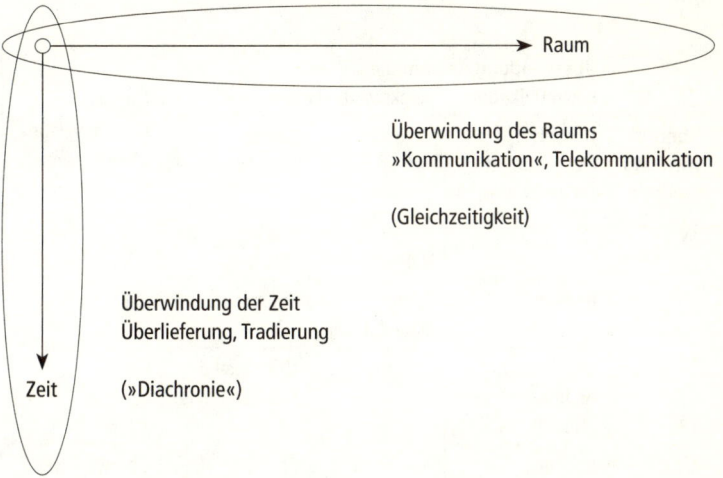

Raum

Überwindung des Raums
»Kommunikation«, Telekommunikation

(Gleichzeitigkeit)

Überwindung der Zeit
Überlieferung, Tradierung

(»Diachronie«)

Zeit

Mediengeschichte hat ›Fortschritte‹ immer an beiden Fronten erzielt.

Medien

Die meisten Medien erfüllen beide Funktionen, allerdings unterschiedlich gut: Eine in Fels gehauene Inschrift wird lange überdauern (Überwindung der Zeit), ist aber wenig transportabel (Überwindung des Raums); der Klang der Stimme dagegen verhallt sofort.[34]

Auf diese Weise kann man die Medien der jeweiligen Funktion zuordnen (immer zugestanden, dass die meisten Medien beide erfüllen).

Überwindung der Zeit ↓	Überwindung des Raumes →	→	→	(Utopie: »global village«, »Telepräsenz«)
	Kommunikation	Telekommunikation →		
	Gespräch, Präsenzöffentlk., Theater, Kirche	Bote	Telefon, Live-TV	
		Schrift, Video	Brief, WWW	
	Bibliothek	Buch, Datenbanken	Fotografie, Film	
↓	(Monument, Architektur) Inschrift, Archiv		(Bild-Tafel der Pioneer-Sonde)	
	(Utopie: ewige Dauer, Unzerstörbarkeit)			Überwindung von Raum und Zeit

übertragen, speichern, prozessieren

Kittlers Vorschlag war, Übertragen, Speichern und Prozessieren als drei Grundfunktionen der Medien zu unterscheiden.[35]

Akzeptiert man dies, wäre der Aspekt des Raums mit der Übertragung assoziiert, der Aspekt der Zeit mit dem Speichern.

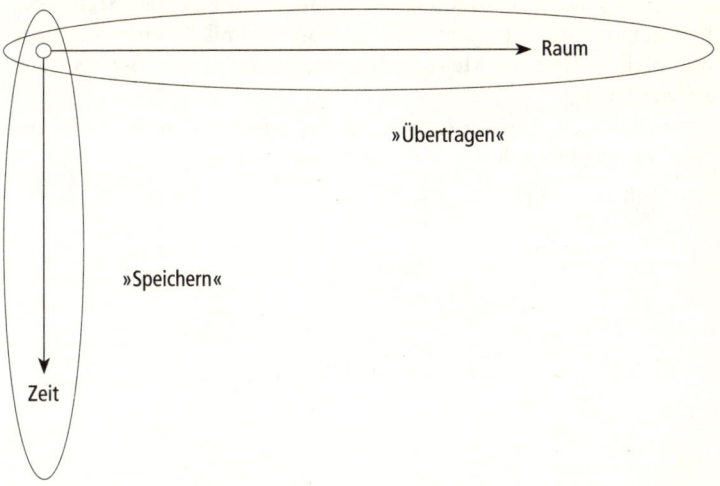

außerhalb der Medien

Auch in der Funktion, Raum und Zeit zu überwinden, sind die Medien nicht allein.

In der tatsächlichen Welt würde man bei Raumüberwindung an *Verkehr* und *Reisen* denken; auf der Ebene der Dinge an *Warenverkehr* und *Transport*.

Auch die Zeitüberwindung findet ihre Entsprechung: Architektur überdauert die Zeit, ebenso Werkzeuge/Technik, materielle Dinge, und nicht zuletzt die Menschen selbst, die immerhin fast 100 Jahre alt werden.

Die Sphäre der materiellen Kultur also ist wesentlich größer und keineswegs identisch mit der Sphäre der Medien.

Medien und Zeichen überwinden die Geographie, nur auf diese Weise können sie die Gesellschaft vernetzen. Zeichen sind immer Telekommunikation.

Die überbrückten Räume können sehr unterschiedlich groß sein: im face-to-face-Gespräch wenige Meter, in schriftlosen Stammesgesellschaften lokal begrenzt, im Mediennetz der modernen Massengesellschaften annähernd global.

Versand

Photo courtesy of Salem Public Library

Medien werden häufig definiert als Maschinen, die materielle Zeichen von A nach B transportieren.

Muster ist hier die Post; und das Sender-Empfänger-Modell – in der Medienwissenschaft nach wie vor prominent – spiegelt dies in der Theorie.

Auf einer bestimmten Ebene trifft die Vorstellung zu. Alle Medien müssen tatsächlich materiell für den Transport ihrer Zeichen sorgen. Und es ist sinnvoll, sich um die materiell-technischen Gegebenheiten dieses Transports auch theoretisch zu kümmern.

Gleichzeitig wurden gegen diese »Paket-Vorstellung« fundierte Einwände gemacht.

Medienprodukte müssen sich fit machen für den Transport. Zunächst ganz physisch: Bücher zum Beispiel haben vorn und hinten feste Deckel, damit ihnen die Fährnisse der physischen Welt nichts anhaben können. Medienprodukte brauchen

klare Grenzen. In gewisser Weise sind sie *Container*.

Die Parallele aber geht weiter: Medienprodukte nämlich müssen in sich *abgerundet* sein; da meist nicht klar ist, in welchen Kontext sie eintreten werden, müssen sie alles dabeihaben, was sie zu ihrem Funktionieren brauchen.

Die Notwendigkeit der Übertragung macht die Medienprodukte rund wie Kiesel im Fluss.

Sender-Empfänger-Modell

Das Sender-Empfänger-Modell versteht Kommunikation als Versand.

Es beansprucht, alle Kommunikationsprozesse auf eine möglichst einfache Formel zu bringen, und eine Art ›Atom‹ zu benennen, auf das alle medialen Vorgänge zurückgeführt werden können. Es gibt nur zwei Beteiligte (Sender und Empfänger) und die Kommunikation ist ein *einmaliger*, *bilateraler* und *einseitiger* Akt. Danach können die Rollen wechseln; eine Unterhaltung also setzt sich aus einzelnen kurzen S-E-Sequenzen zusammen.

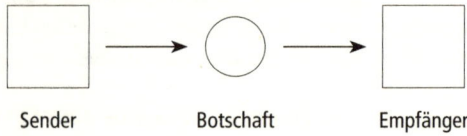

Sender   Botschaft   Empfänger

Das Sender-Empfänger-Modell kann sich u. a. auf das ›Organonmodell der Sprache‹ (Bühler, 1934) stützen:[36]

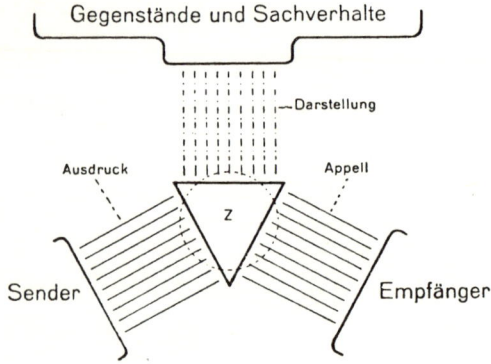

Nachrichtentechnik

Berühmter allerdings ist die nachrichtentechnische Version (Shannon/Weaver);[37] hier bezeichnen Sender und Empfänger zunächst Geräte; die sendende Person heißt ›Nachrichtenquelle‹:

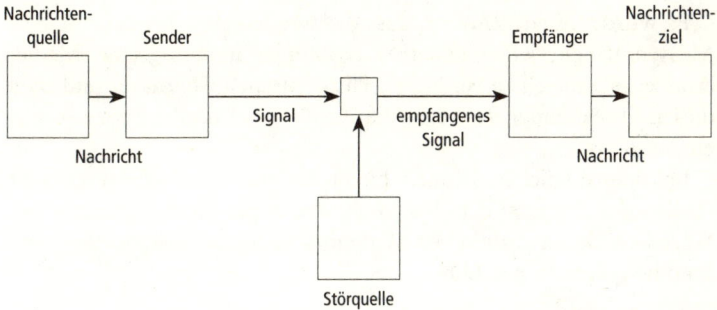

Shannon/Weaver waren an der technischen Optimierung von Signalübertragung und an der Eliminierung von Störquellen interessiert.

Kritik

Das Sender-Empfänger-Modell wurde von verschiedener Seite hart kritisiert; so wurde gesagt, dass ein Gespräch gerade nicht in einzelne Äußerungen zerlegt werden könne; spezifisch sei die Wechselseitigkeit, die das Modell gerade nicht abbilde.

Es wurde hervorgehoben, dass das Modell eher Telegraphie oder Massenmedien, jedenfalls aber *einseitige*, monologische Medien erfasse; es habe einen verdeckt technizistischen Charakter und trage diesen als Schmuggelware in die Analyse kultureller Prozesse hinein.

Im ursprünglichen Modell bleibt zudem der *Code* ausgespart; ebenso der Einfluss, den das Medium auf das Kommunizierte hat. Wechselwirkungen zwischen Mediennutzung und Medienstrukturen kommen nicht in den Blick.

Das Modell wurde vielfach variiert, vor allem um auf solche Einwände zu reagieren. Eine wichtige Änderung war die Aufnahme des Codes. Die gemeinsame Sprache wurde als Schnittmenge zweier leicht unterschiedlicher Einzelsprachen verstanden:

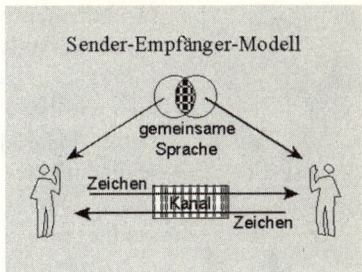

Das Modell wurde auf die Massenkommunikation eingeschränkt; ein möglicher Rückkanal wurde aufgenommen; Maletzke schließlich präsentierte 1963 eine möglichst leistungsfähige Fassung:[38]

Schema des Feldes der Massenkommunikation

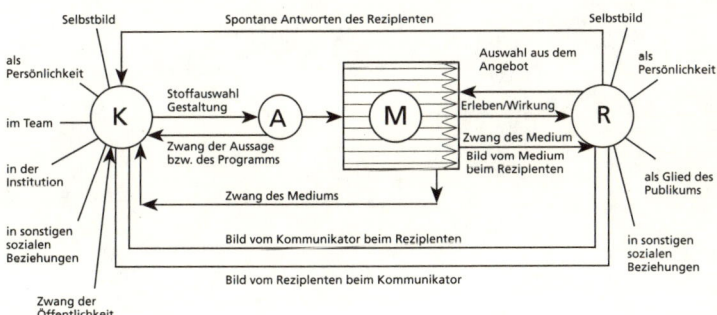

Da die Grundannahmen des Schemas gleichbleiben, treffen die meisten Kritiken auch auf die ausgearbeitete Form zu.

Bote

Begreift man Medien als Versand, rückt in den Mittelpunkt des Medienverständnisses der *Bote*.

Boten sind eine besondere Sorte Vermittler; man hat ihnen immer misstraut und war gleichzeitig auf sie angewiesen. Der beste Bote war schnell und tat so, als sei er gar nicht da. Brachte er schlechte Nachrichten, hat man ihn dennoch erschlagen.

Hermes, der Götterbote, war gleichzeitig zuständig für den Handel. Sein Helm und sein Schuhe sind *geflügelt*. Fernsehintendanten und Onlineredakteure sind selten so elegant.

Götterbote

Hermes ist nicht irgendein Bote, er ist der Bote der *Götter*. Und er hatte die Aufgabe, zwischen den Menschen und den Göttern zu vermitteln.

Der größte Teil der Menschheitsgeschichte war von religiösen oder ›naturreligiös‹-magischen Weltanschauungen bestimmt. Medien – von der Höhlenzeichnung bis zum sakralen Schriftgebrauch – waren hierin immer eingebunden.

Die heutigen Medien erben hiervon; ob der Zauber der Diva, das Licht im Kinofilm, die Silberfronten der Hifi-Geräte oder das sanfte Glimmen des Apple-Logos – die Medien umgibt ein magisch-fetischistischer Glanz.

Ausdruck

Mit Blick auf die Senderseite spricht Bühler von ›Ausdruck‹. Der Begriff gilt als veraltet; allenfalls Gefühlsäußerungen würde man heute noch ›Ausdruck‹ nennen.

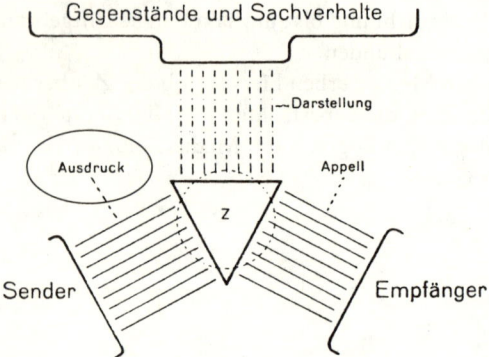

Adresse

Akte medialer Übermittlung sind an Adressen gebunden.[39]

Postsystem und polizeiliches Meldewesen hängen geschichtlich zusammen, Medien lokalisieren ihre Nutzer, binden sie an bestimmte Orte oder rufen sie auf.

Mit den Computern treten erstmals Zeichen auf, die ausschließlich Maschinen adressieren.

Appell

Medien rufen ihre Nutzer an und auf. Das Handy-Klingeln ist ein Kommunikations-angebot, dem schwer zu widerstehen ist; in vielen Bildern ist die Tiefenachse – auf den Betrachter zu – die Achse des Appells.

Althusser hat geschrieben, dass erst das Angerufenwerden – etwa durch einen Polizisten auf der Straße – das Subjekt als Subjekt konstituiert.

In Bühlers Organonmodell hat die Appell-Funktion einen festen Ort.[40]

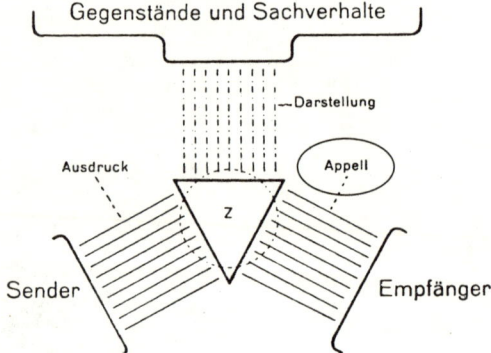

Publika, Zielgruppen

Medien und Medienprodukte adressieren bestimmte Publika. Wer überhaupt erreicht werden kann, ist zunächst technisch bestimmt; die ›Tagesschau‹ kann nur sehen, wer ein Fernsehgerät hat. Daneben bestimmen Produkteigenschaften darüber, welches Publikum sich interessieren wird. Zielt ein Produkt, wie etwa die Werbung, bewusst und strategisch nur auf ein bestimmtes Publikum ab, spricht man von Zielgruppen.

Das Publikum selbst zerfällt in die unterschiedlichsten Teilpublika: Klasse, race und gender spielen hier eine Rolle, Alter und Bildungsschicht; daneben gibt es alle Sorten formeller und informeller Interessengruppen, unterschiedliche Vorerfahrungen, Sozialisationshintergründe …

anonym

Nicht alle Medien unterstellen eine Adresse. Insbesondere die Massenmedien adressieren ein geographisch disperses Publikum, die Rezeption ist *anonym*. Dies stellt die Medienanbieter vor ein großes Problem: Sie wissen nie, wer ihre Produkte eigentlich wie, wo und warum rezipiert.

Parallel zu den Medien selbst ist deshalb eine riesige Maschinerie entstanden, die genau dies klären will: quantitative und qualitative Sozialforschung auf der einen Seite, Marktforschung, Gewinnspiele und Spyware auf der anderen.

push, pull

Adresse und Appell unterstellen, dass die Aktivität vom Sender ausgeht (›push‹). Das aber kann auch anders sein; es gibt auch Medien, bei denen die Abfrage durch den Empfänger im Vordergrund steht (›pull‹).

push ↑	öff. Ansprache	Brief, Flugblatt	Telefon wählen	Radio, TV, Werbung	E-Mail, Spam
		Buch schreiben			
		Buch aus-wählen, lesen			
↓ pull	Frage			Fernsehkanal wählen	WWW, Recherchieren
	Mediengeschichte →				

Verbreitung

Verbreitung ist eine besondere Form räumlicher Zustellung; und für die innere Logik vieler Medien ist sie besonders wichtig.

Verbreitung kann durch die Anfertigung materieller *Exemplare* geschehen (Druck, CD ...) oder durch die Ausstrahlung eines Signals in eine Landschaft dezentraler Empfänger.

Technische Reproduktion, one-to-many-Logik und (geographische) Verbreitung sind eng verbunden.

Eine alternative Verbreitungs-
form ist die Weitergabe von
Netzknoten zu Netzknoten (Ge-
rücht).

Mit Hilfe algorithmischer
Modelle hat man untersucht,
wie sich Gerüchte in Netzen
verbreiten (und parallel dazu,
wie lange im Mittelalter die
Syphilis jeweils gebraucht hat,
um das Rheintal hinaufzuwan-
dern).

Horizont

Häufig bilden Medien und Zeichen *Relevanzhorizonte* aus: Was nah ist, wird als relevant definiert, mit zunehmender geographischer Entfernung nimmt die Wichtigkeit ab. Wenn in Ägypten eine Nilfähre sinkt, wird zuerst gefragt, ob Deutsche an Bord waren. Auch über Astra digital kann ich nur ganze zwei US-amerikanische Fernsehprogramme sehen; und 80 % der Mobilfunkgespräche werden im unmittelbaren sozialen Umfeld geführt.

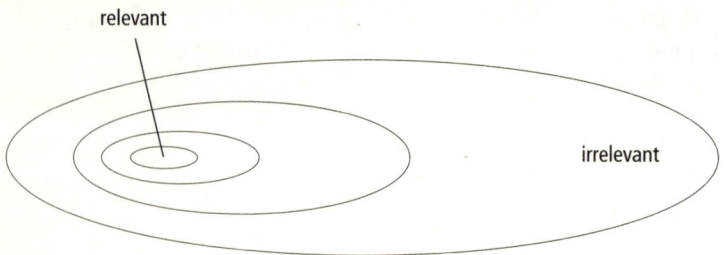

Mit der These der Raumüberwindung steht dies in deutlicher Spannung.

Gleichzeitig haben Medien und Zeichen – grundsätzlich Telekommunikation – den geographischen Horizont immer schon perforiert.

Telegraphie

Für den längsten Zeitraum der Mediengeschichte waren die Zeichen an den physischen Transport gebunden. Dies ändert sich erst mit der Telegraphie, die die Zeichen ›immateriell‹ durch Drähte verschickt. (Vorläufer ist der Fackel-Telegraph der Antike). Dies bedeutet einen tiefen Einschnitt in der Mediengeschichte.

Zeichen reisen zum ersten Mal schneller als die Waren und die Menschenkörper.

In der Tendenz bedeutet dies eine Gleichzeitigkeit, die die Geographie negiert.

Scham

Mit dem Schritt weg von Transport und Physik haben die Zeichen erreicht, wovon Dinge und Menschen nur träumen können.

Die Zeichen beschämen die physische Welt.

Anders hat gesagt, den Menschen ergreife gegenüber dem Stand seiner Technik eine ›prometheische Scham‹.[41]

Stellen wir uns eine Welt vor, in der auch die Körper durch Leitungen reisen können. Statt zum Bahnhof gingen wir dann zum Beamhof, alle Straßen und Gleise könnten herausgerissen werden. Landschaften würden nicht mehr aus Linien, sondern nur noch aus Flecken bestehen. Kupfer oder Glasfasern würden teuer, die Asphaltbranche würde eine finale Krise erleben …

Immaterialisierung

Die Abtrennung vom Transport hat man häufig mit dem Stichwort der ›Immaterialisierung‹ belegt. Dies macht Sinn, wenn man allein die Materialität der Zeichen betrachtet; diese scheint sich tatsächlich in Elektronenströme aufzulösen; und nur deshalb können sich die Zeichen massefrei leicht mit Lichtgeschwindigkeit um den Globus bewegen.

Auf einer anderen Ebene ist die These der ›Immaterialisierung‹ irreführend. Die Materialität der Zeichen nämlich ist an die Materialität der Medienmaschinen gebunden. Und diese löst sich mit der Immaterialisierung nicht etwa auf, sondern wird – ganz im Gegenteil – immer ›schwerer‹, komplexer und voraussetzungsvoller.

Im Übrigen sind auch Elektronenströme keineswegs ›immateriell‹. Sie erzeugen – sehr physikalisch – zumindest Reibung und Wärme; man braucht störend-laute Lüfter, um einen schlichten PC auf Betriebstemperatur herunterzukühlen.

wireless

Die ›Immaterialisierung‹ ergreift zuerst die Zeichen (Telegraphie), und in einem zweiten Schritt das Trägermedium, die Kabel. Mit Marconi (1890/1901) beginnt die Ära der *drahtlosen* Telekommunikation.

Drahtlose Telegraphie, Funk, Radio (›Rundfunk‹), terrestrisches Fernsehen, Richtfunk, Satellitenkommunikation, und schließlich das Handy und WLAN – an die Seite der physikalischen Mediennetze sind Netze getreten, die man nicht sehen kann.

Transport zehrt die Zeichen aus

Auf einer allgemeineren Ebene kann man sagen, dass im Laufe der Geschichte die materiellen Zeichen immer kleiner und leichter werden.

Beispiel sei die Geschichte der Schrift: Von den statisch-immobilen Inschriften in Felswänden und Monumenten, über Tontafeln, die relativ schwer, aber bereits transportabel waren, hin zum leichten Papier, und schließlich zu den elektronischen Zeichen.

Die Notwendigkeiten des Transports zehren die Materialität der Zeichen aus.

Gewicht der Zeichenträger nimmt ab ↑	Zeichen ›immateriell‹ ↑ ... materiell	Gespräch, Sprachlaut			Telegraphie Telefon	Computer, Radio, TV
				↗	Film	↗
			↗	Schrift, Papier	Fotografie	
		↗	Schrift, Tontafeln	↗		
		Monument, Inschrift	↗			(Hardware)
	Mediengeschichte →					

global village

McLuhan hat die These der Raumüberwindung radikalisiert und 1964 das Schlagwort vom ›global village‹ geprägt.[42] Es besagt im Kern, dass Geographie und geographische Distanzen für die Medien keine Rolle mehr spielen. Dieselbe These wurde bei Aufkommen des Internet noch einmal vertreten.

Dennoch ist sie strittig. Medien stellen keineswegs jene Nähe her, die für den Kommunikationsraum eines Dorfes typisch wäre. Die Globalisierung, die tatsächlich eingetreten ist, ist vor allem eine ökonomische und nicht primär eine mediale Globalisierung. Zudem ist die globalisierte Welt in sich strukturiert. Sie enthält – verbindet und trennt – sehr unterschiedliche Welten.

Wiederkehr des Raumes

Zudem kann man beobachten, dass die Relevanz des Raumes und räumlicher Orientierungen nicht einfach verschwindet. Dies ist vor allem dort deutlich, wo sich Realraum und Medienraum verflechten: So ist es für einen Ebay-Kunden ein Unterschied, ob sich der ersteigerte Wohnzimmerschrank in 30, 300 oder 3000 Kilometern Entfernung befindet.

Entsprechend versucht man – etwa über GPS-Koordinaten –, raumbezogene Informationen in die Medien wieder einzubringen. Das Handy soll je nach Standort des Besitzers die nächste Tankstelle angeben können; Navigationssysteme tun dies schon jetzt.

Dies zeigt, dass Medien den Raum keineswegs einfach ›überwinden‹.

Zeit

Medien überwinden den Raum, daneben aber auch die Zeit. Hierbei geht es um die Rolle der Medien für Traditionsbildung und kulturelle Kontinuierung.

(Überwindung der Zeit heißt also nicht – dies ist eine häufige Verwechslung –, dass ähnlich wie die Geographie nun auch die Zeit an Bedeutung verliert, z. B. weil die Nachrichten immer schneller laufen. Dies mag der Fall sein, ist mit dem Stichwort aber nicht gemeint. Fast ist es umgekehrt: Bezogen auf die Traditionsbildung laufen alle Nachrichten langsam.)

Speicher

Wenn von der Fähigkeit der Medien die Rede ist, die Zeit zu überwinden, so wird dies häufig mit dem Begriff des ›Speichers‹ verbunden; dies ist problematisch. Der Begriff des Speichers ist eine mechanistische Metapher, die suggeriert, Dinge würden wie in einem Lagerhaus mechanisch neben-

einander aufgehäuft. Viele Medienaspekte, die wichtig sind, werden so zielgerichtet verfehlt.

Gedächtnis

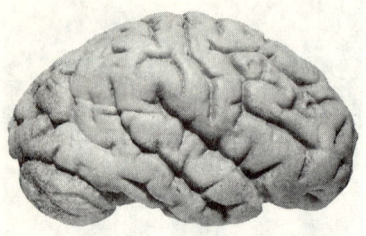

Einwände gegen eine mechanistische Auffassung des Speicheraspekts kommen vor allem aus der Gedächtnistheorie (Assmann).[43]

Viele Medien nehmen das menschliche Gedächtnis in Anspruch und sind in ihrem Funktionieren auf das Gedächtnis angewiesen.

Als ein mechanischer Speicher aber funktioniert das Gedächtnis nicht. Wo ein Speicher das Gespeicherte unverändert bewahrt, neigen Gedächtnisse zur Entstellung und zum Vergessen. Medientheorie muss das menschliche Gedächtnis einbeziehen und Modelle entwickeln, wie sein mediales Funktionieren zumindest im Groben beschrieben werden kann.

zwei basale Mechanismen

Wenn Medien Zeit überwinden, so gibt es hierfür zwei basale Mechanismen:

– materielle Einschreibung/Monumentalisierung und
– Wiederholung.

Die Gegenüberstellung stammt aus der Ägyptologie; hier hat J. Assmann gezeigt, dass die Ägypter zwei ›Kulturen‹ kannten: Die Kultur der Grabmonumente, der Steinbauten und der Hieroglyphen zielte auf ein Leben jenseits des Todes und auf ewige Dauer ab. Innovation und Veränderung wurden bewusst verhindert, eine zentralistisch organisierte Schreiberkultur hat die Hieroglyphenschrift über mehrere Jahrtausende unverändert bewahrt.[44]

Die zweite Kultur war diejenige der Alltagsvollzüge; Wohnhäuser wurden aus Lehm gebaut, und für Alltagsaufzeichnungen verwendete man Papyrus und Kursivschrift. Analog zu den wiederkehrenden Fluten des Nil – und der Endlichkeit des einzelnen Lebens – wurde diese Kultur als *Kreislauf* (als Wiederholung) gedacht.

Materielle Einschreibung und Wiederholung funktionieren unterschiedlich und müssen getrennt betrachtet werden.

materielle Einschreibung

Materielle Einschreibung nutzt dauerhafte Materialien, um symbolische Strukturen dauerhaft niederzulegen. Grundmuster hier ist die *Schrift*, und noch allgemeiner: das *Monument*. Materielle Einschreibung zielt auf *materielle Beharrung*. Modell ist die Pyramide, die ihre Autorität über 5000 Jahre bewahrt.

Der Begriff der Einschreibung ist sehr allgemein; er umfasst sowohl die Einschreibung in *Texte* als auch in materielle Gegenstände oder Architektur. Spuren können sich in eine Landschaft einschreiben, körperliche Ausbildung, militärischer Drill oder Gewohnheiten schreiben sich in die Körper ein.

Innerhalb der Medienwissenschaft sind vor allem vier Ebenen relevant:

- Einschreibung in Texte, Bildwerke
- Einschreibung in Körper und/oder Gedächtnis
- Einschreibung in den Code
- Einschreibung in Technik

Dass man auch die *Technik* als Einschreibung fassen kann, ist eine besondere Pointe. Auf diese Weise wird die Kluft zwischen Medieninhalten und Medientechnik überbrückt.

Einschreibung ist nicht daran gebunden, dass ein *Autor* der Einschreibung benannt werden kann; Gewohnheiten etwa bilden sich im Rücken der Beteiligten heraus. Kollektive, verteilte oder anonyme Formen der Urheberschaft sind möglich.

Einschreibung versucht zu fassen, dass die Intentionen der Einschreibung und ihr Resultat, ihre Wirkung weit auseinanderfallen können. Dies ist insbesondere bei Einschreibungen in Technik häufig der Fall.

Aufschreibesysteme

Kittler nennt die Medien *Auf-schreibesysteme*; der Aspekt der Einschreibung, des Speichers und der materiellen Niederlegung wird dadurch betont.[45]

Traditionell wurde die Schrift als abgeleitet von der mündlichen Sprache, als sekundär, angesehen; mit Blick auf die wachsende Bedeutung technischer Speicher wird sie zentral.

materielle Beharrung

Die ›Speicherfunktion‹ setzt voraus, dass die materielle Beharrung selbst sichergestellt ist. Dies ist keineswegs selbstverständlich. So wurde die Bibliothek von Alexandria durch einen Brand vernichtet, und Marx sagt, seine Manuskripte begegneten der ›nagenden Kritik der Mäuse‹.

Zudem unterliegen alle Zeichenträger einem natürlichen Verfall, und dieser ist umso größer, je intensiver der Zeichenträger genutzt wird.

(Die Deutsche Bibliothek hat zwei widersprüchliche Aufgaben: einerseits soll sie den Bestand archivieren/bewahren, auf der anderen Seite ihre Nutzer bedienen. Die Nutzer gefährden den Bestand; *ohne* diese Nutzer aber hätte die Archivierung keinen Sinn …)

Zum zweiten kann das Produkt, auch wenn es perfekt erhalten ist, unlesbar sein, weil sich die technischen Standards geändert haben und die Maschinen, auf denen es läuft, nicht mehr lauffähig zur Verfügung stehen. Dies ist ein ernstes Problem für Archive und für Medien-Museen.

Selten setzt die Mediengeschichte deshalb auf das Einzelexemplar, und immer wird die materielle Beharrung durch Herstellung weiterer Exemplare gesichert: Wenn Mönche Handschriften vervielfältigten, ging es um Verbreitung, immer aber auch um ›Datensicherung‹.

Zeitversetzung

Weil Medien *speichern* können und materiell beharren, ergibt sich zwischen Produktion und Rezeption eine Zeitversetzung. Diese Zeitversetzung kann lang sein (Höhlenzeichnung) oder sehr kurz (›Live‹-Fernsehen) – in jedem Falle ist sie alles andere als trivial.

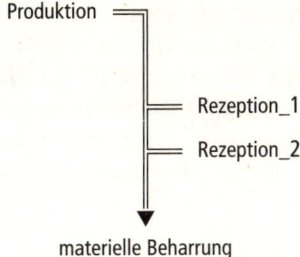

Solange das Medienprodukt materiell weiterbesteht, kann es wiederholt und von wechselnden Publika rezipiert werden.

Und die Zeitversetzung zwischen Produktion und Rezeption eröffnet die Möglichkeit des Eingriffs, der Kontrolle und der Zensur. Selbst ›Live‹-Sendungen werden deshalb häufig mit einer geringen Zeitversetzung ausgestrahlt. Immer wenn im Fernsehen ein Piep-Zeichen ertönt, ist klar, dass jemand die Zeit gehabt haben muss, das verbotene Wort zu hören, zu verstehen und zu eliminieren.

Zeithorizont

Die Zeitversetzung wirft verschiedene Probleme auf; das wohl wichtigste berührt die ›Inhalte‹:

Je weiter die Produktion zurückliegt, desto ›fremder‹ muss das Produkt einer gegenwärtigen Rezeption erscheinen. Dies war das Ausgangsproblem der *Hermeneutik*, die aus der Schwierigkeit, die Texte der Bibel adäquat zu verstehen, eine ausgebaute und sehr erkenntniskritische Deutungslehre entwickelt hat. Interessant ist, dass die Hermeneutik mit dem Begriff des *Horizonts* operiert: Je weiter der Text zurückliegt, desto weiter rücken die Horizonte von Produktion und Rezeption auseinander. ›Horizont‹ meint hier den kulturellen Kontext, die Kenntnis der Codes und allgemein: die Vorwissensbestände.

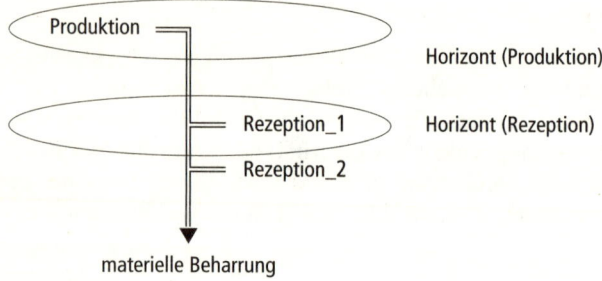

Raum und Zeit • Zeit, Speicher • mat. Einschreibung • Zeitversetzung • Zeithorizont

K ■ ■ ■ ■ ▨   R ■ ■ ▨ ▨ ▨   200

Die Zeitversetzung bedeutet gleichzeitig eine Entkopplung von Produktion und Rezeption. Das heißt vor allem, dass die Produktion *vom Druck einer gleichzeitigen Rezeption freigestellt* ist. Dies stellt die Produktion unter eine eigene Zeit.

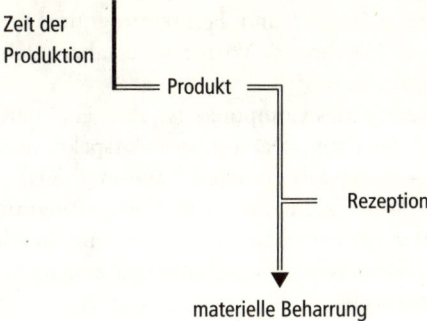

Programm

Die Logik der Entkopplung ist die Logik des *Pro-gramms*. Etwas wird vor-geschrieben zu einem Zeitpunkt, lange bevor es wirksam werden soll.

Grundmuster ist hier die Schrift. Programme aber gibt es in vielen Medien; sie legen Vorgänge und Abläufe fest, die in der Zukunft stattfinden sollen (Radio- und Fernsehprogramm). Oder es geht darum, etwas Gespeichertes, Vorbereitetes abzurufen. Programme sind eine Vor-Schrift.

Eine Besonderheit des Computers ist, dass er Programme ›selbst-ständig‹ ausführen kann. Der operative Aspekt, den alle Medien haben, ist hier – zumindest zum Teil – automatisiert.

In ähnlicher Weise kann man von einem ›Programm‹ auch der Technik (Hardware) sprechen. Auch hier sind Inhalte – z.B. zukünftige Nutzungsweisen – vorbeschrieben und mehr oder minder verbindlich niedergelegt.

Raum und Zeit • Zeit, Speicher • mat. Einschreibung • Entkopplung • Programm

K ■■■■■■ R ■■■■■■ *FL*   202

Und die Entkopplung verändert auch den Prozess der Produktion: Weil das Produkt schon in der Phase der Produktion eine materielle Existenz hat und als Zwischenprodukt materiell verfügbar ist, kann es zum *materiellen Gegenüber* seines Produzenten werden (Keil-Slawik).[46] Mediale Produktionsprozesse installieren einen Dialog zwischen dem Produzierenden und seinem Produkt: Prüfender Blick und materieller Eingriff wechseln sich ab, der Produzierende wechselt zwischen Produktion und Rezeption.

Auch diese Eigenschaft übernimmt die Materialität der Medien aus der materiellen Produktion. Sie ist nur auf der Basis von materiellen Medientechniken möglich: Ideen kann man sich nur gegenübersetzen, wenn man sie aus dem Kopf befreit, um sie dort – objektiviert – zu betrachten.

Viele Medienkonstellationen sind an diese Form der Produktion existenziell gebunden. Dies gilt insbesondere für das schriftliche Rechnen, das wie Krämer gezeigt hat, im Prozessieren selbst auf die Schriftlichkeit angewiesen ist. Die Prozesse im Computer imitieren dies, wenn sie zwischen Prozessieren und Zwischenspeichern ständig wechseln.

Zeitachsenmanipulation

Wenn die Produktion unter eine eigene Zeit gestellt wird, so hat dies noch eine weitere Wirkung: Die Zeitachse, die in der 3-dimensional-tatsächlichen Welt unverfügbar ist, wird verfügbar.[47]

Es ist ein Kennzeichen des Symbolischen, eine Manipulation der Zeitachse zu erlauben. Die Schrift erreicht dies, indem sie die Längsachse der Zeit (und der Erzählung) auf die Zeile (eine Raumachse) projiziert. Die Erzählung selbst erlaubt eine Manipulation der Zeit, weil sie mit Zeichen und nicht mit Tatsächlichem operiert. Nur auf diese Weise können Erzählzeit und erzählte Zeit differieren (»Nach einiger Zeit aber ...«).

Am deutlichsten ist diese Leistung der Medien beim Filmschnitt. Hier werden Zeitsegmente physisch freigestellt, neu geordnet und wieder zusammengeklebt; beliebige Dehnungen und Raffungen der Zeit sind möglich.

Raum und Zeit • Zeit, Speicher • mat. Einschreibung • Zeitachsenmanipulation

K ■■■■■ R ■■■■■   204

Synchronisierung

Andere Medien dienen nicht der Manipulation der Zeitachse, sondern dem Zeitmanagement.

Am wichtigsten hier ist die *Uhr*. Eine Medienmaschine, die jede/r mit sich herumträgt, und die in Zahlen/Zeichen anzeigt, an welcher Zeitstelle des Tages man sich befindet. Wie der Kalender ist die Uhr kein Messgerät; gesellschaftliche Vorgänge werden über das Medium der Uhr synchronisiert.

Die 20-Uhr-Tagesschau hat eine ähnliche Funktion. Und vielleicht die Programm-Medien (Radio, Fernsehen) insgesamt.

Interessant ist, dass sich erst mit der Zunahme des Eisenbahnverkehrs überhaupt die Notwendigkeit für eine nationale Standardzeit ergeben hat. Vorher gab es Lokalzeiten. Verkehr (Überwindung des Raums) und Synchronisierung also hängen zusammen.

Zeit und Synchronisierung spielen in vielen Medien eine wenig beachtete Rolle: Im Computer sitzt ein Quarz, der die *Takte* des Prozessors und aller übrigen Operationen steuert. Die Signale des Fernsehens müssen synchronisiert werden, damit der Empfänger überhaupt ein lesbares Bild aufbauen kann.

Verdichtung

Und schließlich bewirkt die Entkopplung von Produktion und Rezeption eine *Verdichtung*.

Auf die Verfertigung eines schriftlichen Textes kann ungleich mehr
Sorgfalt, Zeit und Mühe verwandt werden als auf jede mündliche
Äußerung. (Wenn ich zwei Seiten wissenschaftlichen Text am Tag
schreibe, war es ein guter Tag.) Ort der Verdichtung ist das *Produkt*;
ihm kommt die Verdichtung zugute.

Das Schema oben wäre also noch einmal zu modifizieren:

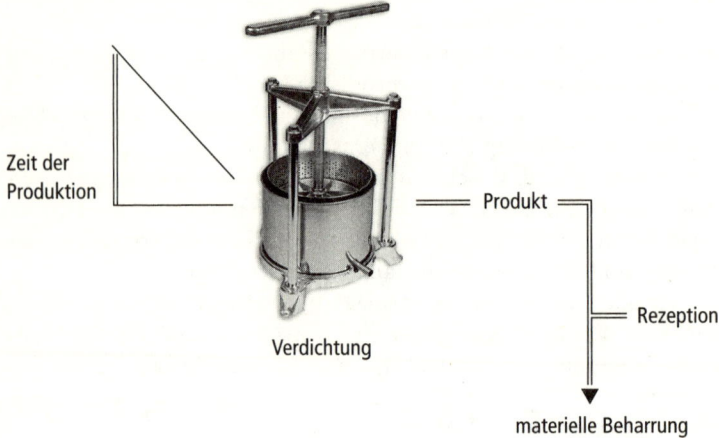

Zeit der
Produktion

Produkt

Rezeption

Verdichtung

materielle Beharrung

Verdichtung kollektiv

Im Fall schriftlicher Texte sind der Verdichtung deutliche Grenzen gesetzt, weil sie meist von einem Einzelnen hergestellt werden. Sehr viel weiter geht die Verdichtung im Fall kollektiv-arbeitsteiliger, professionalisierter, kapitalintensiver und technisch hochgerüsteter Produktionen (Spielfilm, Fernsehproduktionen, Softwareerstellung).

Spielfilm und Computerspiel sind wahrscheinlich die einzigen Texte, in die Millionen investiert werden und die in 90 Minuten konsumiert werden können.

Das Produkt ist das Nadelöhr, durch das die gesamte Anstrengung hindurchmuss.

Dichte

›Verdichtung‹ ist noch auf einer weiteren Ebene wichtig: Symbolische Produkte sind generell auf eine spezifische Weise ›verdichtet‹ – Verdichtung ist ein Kennzeichen des Symbolischen selbst (Metz).[48]

Die Erzählzeit eines Medienproduktes ist meist ›dichter‹ als die erzählte Zeit. Ein Tolstoi-Roman, den man in drei Tagen lesen kann, schildert das Leben und Sterben mehrerer Generationen. Hitchcock sagte:

›Drama is life with the dull bits cut out‹.

Sprache als Monument

Eine besonders interessante Form der materiellen Niederlegung und der Verdichtung ist die *Sprache*.

Als eine Art Kollektivkunstwerk wird sie von Generation zu Generation weitergegeben, ein Raster, das die Welt erschließt, in dem unendlich viel Erfahrung, Leiden, Intelligenz, Ideen und Unterscheidungsvermögen bereits verdichtet ist, und an dem jede weitere Generation weiterarbeitet.[49]

In den Bildmedien wären dies die Wahrnehmungsschemata, die ästhetische Sensibilität und die visuelle Kompetenz, mit denen wir den Produkten begegnen.

materielle Kopräsenz

Der letzte Aspekt der materiellen Beharrung mag selbstverständlich erscheinen, betrachtet man ihn aber näher, ist er befremdlich.

Materielle Niederlegungen (Schrift, Speichermedien, Monumente, Technik) sind Produkte der Vergangenheit, als materielle Objekte aber sind sie *Teil der Gegenwart.* Sie sind *kopräsent* (Ernst).[50]

Als Überbleibsel/Zeugen der Vergangenheit ragen materielle Niederlegungen – im Idealfall unverändert – in die Gegenwart hinein. Wir brauchen Indizien (Patina) oder aber Vorwissen (Wissen um historische Kontexte und Formen), um materiell Übriggebliebenes überhaupt als historisch zu identifizieren.

Dies ist der Skandal des Archivs und gleichzeitig sein Normalfall.

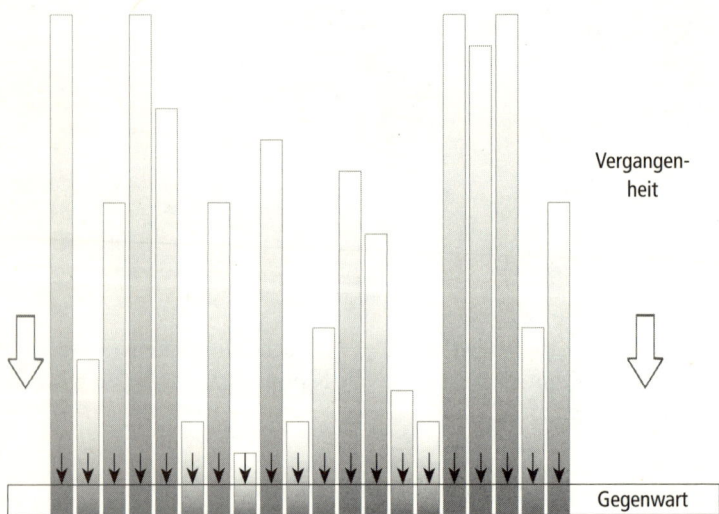

Raum und Zeit • Zeit, Speicher • materielle Einschreibung • materielle Kopräsenz

K ■ ■ ■ ▨ ▨   R ■ ■ ■ ■ ▨   210

Wiederholung

Der zweite Grundmechanismus der Zeitüberwindung/Tradierung ist die Wiederholung.

Die Aufmerksamkeit für die Wiederholung stammt aus der Oralitätsforschung. Orale Gesellschaften, d. h. Gesellschaften mit mündlicher Traditionsbildung, nehmen 99,9 % der Menschheits- und Mediengeschichte ein. Sie verfügten über keine Möglichkeit, symbolische Strukturen in Schriftform niederzulegen. (Bildwerke und Kalenderknochen allerdings gab es bereits Zehntausende von Jahren vor der Schrift, Werkzeuge und Artefakte so lange wie die Menschheit selbst.) Kulturelle Bestände mussten mündlich oder sympraktisch von Generation zu Generation weitergegeben werden. Der zentrale Mechanismus hierfür – dies hat die Oralitätsforschung gezeigt – ist die Wiederholung.[51]

Ritus

Wiederholung ist insbesondere deshalb relevant, weil orale Gesellschaften einen sehr prekären ›Speicher‹ – das menschliche Gedächtnis und die menschlichen Körper – für ihre kulturellen Bestände benutzen. Das Gedächtnis ist hinfällig und neigt zum Vergessen; dies macht es nötig, die Inhalte regelmäßig aufzufrischen. *Ritus* und *Wiederholung* sind Kulturtechniken, die die Bewahrung und die Verbreitung im Kollektiv garantieren.

Rituelle Wiederholung gliedert die Zeit. Ritus und Liturgie greifen die natürlichen Zyklen des Jahres auf und verbinden sie mit bestimmten Bedeutungssystemen; Weihnachten und der Sommerschlussverkauf sind Überbleibsel solcher letztlich agrarischen Zyklen und müssen sich nach wie vor jährlich ereignen.

Viele Wiederholungsphänomene, die in den Medien zu beobachten sind, stammen bereits aus den Mnemotechniken der oralen Gesellschaft: der Reim, das Versmaß, die Strophenform und der Rhythmus in der Musik.

Rhythmus

Rhythmen sind eine sehr basale Form der Wiederholung. Der Schlag der Trommel gliedert die Zeit.

Der Rhythmus greift zudem den Herzschlag und der Vers den Atemrhythmus auf.

Rhythmen sind, gerade weil sie zunächst *nicht* semantisiert sind, eine basale *Form*.[52]

Ornament

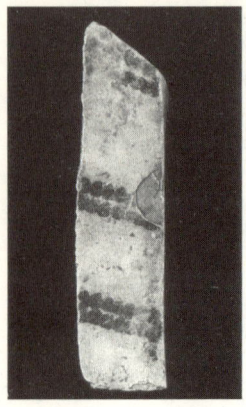

Besonders interessant im Zusammenhang ist das Ornament. Ornamente sind häufig *seriell* und damit eine Variante der Wiederholung.

Das Ornament ist dem Rhythmus verwandt, entfaltet sich aber nicht in der Zeit sondern im Raum; entweder graphisch in der Fläche oder – als serielle Struktur – *bereits ein-dimensional-linear*.

Strukturell sind Ornamente damit ein Vorläufer der *Schrift*. Und wie der Rhythmus ist das Ornament zunächst nicht semantisch.

Massenmedien

Innerhalb der Massenmedien ist die Wiederholung konstitutiv.

Die neu gekaufte CD wird nicht einmal, sondern zigmal gehört. Das Fernsehen wiederholt beliebte Sendungen – Dinner for One – obsessionell. ›Hits‹ sind Titel, die viel verkauft und bis zur physischen Ermattung im Radio gespielt werden, Viva nimmt Titel in die ›heavy rotation‹.

Bei diesem ersten Typus von Wiederholung bleibt das Produkt gleich. Da es aufgezeichnet ist (materielle Beharrung), kann es in ›identischer‹ Form wiederholt aufgeführt, abgespielt oder rezipiert werden.

Serialität

Ein zweites Wiederholungsphänomen ist die *Serialität*. Serielle Formen sind in den Massenmedien allgegenwärtig; es gibt Serien in Literatur, Radio und Fernsehen, im Film (Terminator I, II und III), und auch die Tagesschau ist eine Serie (Hickethier).[53]

Im Fall der Serie handelt es sich nicht um die Wiederholung des materiell gleichen Produkts. Vielmehr geht es um Wiederholung *und* Variation: Bestimmte Elemente bleiben konstant (z. B. das Setting der Tagesschau oder das Personal einer TV-Serie), andere variieren (z. B. die verlesenen Nachrichten).

Ist der konstante Anteil geringer, spricht man von einem *Format*; hier ist es nur die Grundanordnung bestimmter Elemente, die konstant bleibt. Das *Genre* schließlich wäre eher inhaltlich definiert: Wenn Leute mit breitkrempigen Hüten durchs Bild laufen, wird es sich mit großer Wahrscheinlichkeit um einen Western handeln.

Zitat

Auch Zitate sind eine Form der Wiederholung. Man nimmt aus einem bestehenden Text, Bild oder Film einen bestimmten Teil heraus und verwendet ihn für das eigene Produkt weiter.

Auf diese Weise werden die Einzelprodukte *miteinander verbunden*.

Interessant ist die rechtliche Situation: Während im Schriftuniversum Zitate kostenfrei möglich sind, gilt dies für Fotografie, Bewegtbild und Software nicht; hier schränkt das Copyright die Zitatmöglichkeiten drastisch ein. Die Produzierenden helfen sich, indem sie in Anspielungen und indirekte Zitate ausweichen.

Intertextualität

Allgemein nennt man das Verhältnis zwischen verschiedenen Produkten *intertextuell*.

Die Palette solcher Bezüge ist vielfältig; ein Medienprodukt kann das andere zum Gegenstand machen, Inhalte oder Formen aufgreifen, die Bezugnahme kann offensichtlich oder nur für Kenner sichtbar sein.

In der Gesamtheit solcher Bezugnahmen entsteht ein kompliziertes *Netz*, das die Medienprodukte längs der Achse der Zeit miteinander verbindet.

Vorbehalt gegen Wiederholung

Gleichzeitig und im Widerspruch zum Gesagten gibt es eine Empfindlichkeit gegen die Wiederholung.

Bekommen wir zwei Mal exakt das Gleiche erzählt, fühlen wir uns wenig ernst genommen; spricht jemand in Formeln oder Redensarten, halten wir ihn für stereotyp. Insbesondere die wörtliche Wiederholung wird als mechanisch und ›tot‹ angesehen.

Es ist eine eigentümliche Erfahrung, sich eine kurze Filmszene – z. B. die Geste eines Schauspielers – mehrere Male in einem Loop anzusehen: Eben noch eine ›lebendige‹ Bewegung, kehrt die Sequenz plötzlich das mechanisch *Starre* hervor.

Raum und Zeit • Zeit, Speicher • Wiederh. • Empfindlichkeit geg. Wiederholung

219   K ■■■■■ R ■■■■■

Redundanz

Technisch gesprochen geht es bei der Wiederholung um *Redundanz.*

Redundanz bedeutet, dass ein Element entweder räumlich oder zeitlich mehrfach vorhanden ist. Fernsehserien oder -formate also spielen mit Redundanz. Aber auch, dass alle Leute Arme und Beine haben, oder wenn von einer Zeitung 500 000 Exemplare gedruckt werden, ist jeweils ein Redundanzphänomen. Ebenso, wenn 10 000 Leute unter einem Wort etwa das Gleiche verstehen.

Damit rückt Redundanz in den Mittelpunkt der Mediendefinition:

Medien sind gesellschaftliche Maschinen zur Herstellung von Redundanz.

Das Phänomen, dass es in der ungeheuren Vielfalt dessen, was gesprochen wird, dennoch *eine Sprache* gibt, verteilt auf so unendlich viele Köpfe, ist wahrscheinlich das verblüffendste Resultat dieser Redundanzproduktion.

Ähnliches gilt für die industrielle Serienfertigung; auch sie ist nicht nur eine Vereinfachung/Rationalisierung, sondern – zumindest vom Effekt her – auch die Herstellung von Redundanz.

Bevor das Internet (als ein physisches Netzwerk) kam, benutzten Millionen von Usern das gleiche Betriebssystem. Auch dies bedeutete – via Redundanz – eine Art der ›Vernetzung‹.

Informationstheorie

Der Begriff der Redundanz stammt aus der nachrichtentechnischen Informationstheorie (Shannon/Weaver).[54] Die Informationstheorie untersuchte die Übertragungsgesetze kodierter Informationen und suchte nach Möglichkeiten, Signale so sicher und ökonomisch wie möglich von A nach B zu verschicken.

Sie fand die Formel, dass der Informationsgehalt eines Signals umgekehrt proportional zu seiner Auftretenswahrscheinlichkeit ist. (Oder klarer: Je eher ein Signal erwartbar ist, desto weniger informativ ist es.) Die Informationstheorie unterscheidet scharf zwischen ›neu‹ (informativ) und ›alt‹ (bekannt/redundant).

Information und Redundanz stehen sich damit gegenüber.

Redundanz wird zum ›dummen‹ Widerpart der Information, wie die Wiederholung beim Sprechen allenfalls geeignet, das übertragene Signal gegen Störung zu sichern. Shannon/Weaver wollten die Speicherung oder Übertragung redundanter Daten vermeiden. Und technisch ist diese Überlegung sehr produktiv: Die Kompressionsalgorithmen, die die DVD und das digitale Fernsehen möglich gemacht haben (MPEG), gehen auf exakt diese Weise vor.

Das Problem beginnt dort, wo man die Informationstheorie zur ›Grundlage‹ der Medienwissenschaften erklärt. Auch wenn diese die nachrichtentechnische Seite zutreffend beschreibt – gemessen an den medialen Phänomenen, die es zu erklären gilt, geht sie ins Leere.

Denn betrachtet man die Medien insgesamt, sind *Redundanz und Wiederholung offensichtlich Teil der Information und selbst informativ.*

Als Basis für eine kulturwissenschaftliche Medientheorie ist die Informationstheorie deshalb wenig geeignet.

Ähnlichkeit, Akkumulation, Mainstream

Wenn Medien Redundanz gezielt produzieren, so bewirkt dies eine Zusammenballung, die Herstellung von ›Knotenpunkten im Weltverkehr‹.

Medienkritiker haben beklagt, dass die Kulturindustrie alles mit Ähnlichkeit schlägt: Ist ein Muster einmal erfolgreich, wird es mit Sicherheit wiederholt, je höher die Auflage oder die Einschaltquote, desto glücklicher der Produzent.

Neben der ökonomischen Seite hat dies *Struktureffekte*. Mainstream (und übrigens Konsens) stellen sich nur in der *Akkumulation* her.

Sind mehrere Hamster in einem Käfig, schlafen sie normalerweise auf einem Haufen. Innen ist es warm, außen ist es kalt. Wenn ein Hamster (außen) zu frieren beginnt, klettert er über die anderen und drängt sich in die Mitte; alle rücken auseinander, jetzt sind andere Hamster außen, bis denen kalt wird. Exakt so funktioniert Kulturindustrie.

Freud hat das menschliche Gedächtnis als eine Maschine beschrieben, die die erstaunliche Eigenschaft hat, einerseits Dauerspuren zu bewahren und andererseits immer aufs neue aufnahmefähig zu sein.[55] Um dies zu illustrieren, wählt er ein technisches Spielzeug, das es bis heute gibt: Wachstafeln mit einer Deckschicht, die man beschreiben und mit einem Schieber wieder löschen kann. Er beobachtet, dass die Wachsschicht auch nach dem Löschen Dauerspuren bewahrt. Dass diese *unleserlich* sind, entspricht seiner Vorstellung, dass im Gedächtnis bewusste und unbewusste Gehalte sich mischen.

Eingrabung, Spur

Bezogen auf Medien und Wiederholung bedeutet dies, dass man sich von der Vorstellung eines mechanischen Speichers verabschieden muss. Leitmodell ist nun die *Eingrabung*, etwa von Spuren, die nach und nach einen *Weg* bahnt.

Bleibt man beim menschlichen Gedächtnis, spielt dieses Modell z. B. in der Assoziationspsychologie eine Rolle: Hier hat man gesagt, dass Dinge, die häufiger verbunden auftreten, sich ›assoziieren‹. Das Netz der Assoziationen hat man mit einem Wegenetz unterschiedlich tiefer Eingrabung verglichen.

Dieses Modell ist sehr weitreichend und umfasst Medienphänomene weit über das menschliche Gedächtnis hinaus: So kann man annehmen, dass *Nutzungsprozesse* sich in die Medienstrukturen einschreiben. Sellerlisten berichten über Verkaufserfolge, um weitere Verkaufserfolge zu erzielen; das Resultat ist eine Selbstverstärkung: Der Diskurs zentriert und bündelt sich quasi automatisch auf relativ wenige, privilegierte Produkte.

Reproduktion

Medien und Zeichen haben es immer mit Wiederholung zu tun; symbolische Prozesse sind nie ganz neu, sondern immer auch Variation, Arbeit mit vorhandenen Beständen. *Zeichen* sind das Wiederholbare schlechthin. Was nicht wiederholbar ist, kann kein Zeichen sein.

Wiederholen kann man auch Gedächtnisinhalte oder Ereignisse. Sobald es um materiell Niedergelegtes geht, spricht man von *Reproduktion*.

manuelle Reproduktion

Eine erste Möglichkeit ist die manuelle Reproduktion. Wer schreibt, reproduziert die konventionalisierten Zeichen der Schrift. (Um dies sicher zu lernen, verbringt man fast vier Jahre in der Schule.)

Man kann Kunstwerke reproduzieren, indem man sie abmalt, man kann eine eigene Aufnahme eines bekannten Popsongs machen, oder mit der Digicam ein Remake von Casablanca.

Technische Reproduktion

Den Begriff der technischen Reproduktion hat Benjamin in die medientheoretische Debatte gebracht.[56] Unter dem hier diskutierten Aspekt handelt es sich um eine Variante der *Wiederholung*.

Technische Reproduktion beginnt medienhistorisch mit dem Farbabdruck einer Hand in einer französischen Höhle, mutmaßlich 25 000 Jahre alt, oder, prominenter, mit dem Stempeln von Formen in Lehm, lange vor der Schrift zum Herstellen von *Ornamenten* verwendet. Das Rollsiegel in Mesopotamien (3200 v. Chr.) verbindet bereits die Wiederholung der Rollbewegung mit der zyklisch-vereinfachten Produktion.

Technische Reproduktion ist die materiell-technische Grundlage fast aller heutigen Medien, vom Druck über die Fotografie bis zur DVD; der Fernsehempfänger ist eine Maschine zur technischen Reproduktion der gesendeten Bilder.

Technische Reproduktion zielt auf die Herstellung möglichst vieler möglichst identischer Exemplare; *und damit auf die Herstellung von Redundanz.* Ein großes und weitverstreutes Publikum wird auf dem Terrain eines einzelnen symbolischen Produktes versammelt.

Damit arbeitet technische Reproduktion weniger an der Überwindung der Zeit als an der Überwindung des Raumes, der flächigen Verbreitung/Erreichbarkeit. (Sie ist damit ein sehr besonderer Typus von Wiederholung.) Daneben erlaubt technische Reproduktion auch die Wiederaufnahme, die Weiterverarbeitung und damit eine Wiederholung längs der Achse der Zeit.

Technische Reproduktion übernimmt das industrielle Prinzip der Serienproduktion; sie nutzt den Einsatz avancierter Techniken zur Herstellung verbilligter Exemplare (Rationalisierung, ökonomisches Moment).

Auflage

Technische Reproduktion mündet in die Frage nach den *Quantitäten*. Es ist ein Unterschied, ob von einer CD 150 oder 150 000 Exemplare gepresst werden.

Verlage starren auf die *Auflage*, Fernsehverantwortliche auf die *Einschaltquote*, Presseleute auf die *Reichweite* und Werber auf die Zahl der *Kontakte*.

Auflage und Einschaltquote sind ökonomisch wichtig, weil nur ein Massenpublikum massenmediale Produkte tatsächlich refinanziert. Daneben aber haben Auflage und Einschaltquote auch eine inhaltliche Seite: Da sich das Publikum die Produkte aussuchen kann (Freiwilligkeit), wird die Bereitschaft, Geld auszugeben, von den Produzenten als *Zustimmung* verbucht. Der Fluss des Geldes fungiert als ein stummer Rückkanal.

Und schließlich strukturiert die Auflage den Diskurs. Bestseller versammeln und bündeln das Interesse des Publikums. Im Fließen der Diskurse entstehen Inseln; die symbolischen Produkte werden *hierarchisiert*.

Kopierverlust

Reproduktion ist immer mit Kopierverlusten verbunden. Dieser Verlust kann sehr groß sein (z. B. beim VHS-Video, das praktisch keine akzeptablen Kopien erlaubt) oder gering; auch im Fall digitaler Kopien aber gibt es Verluste; wäre es anders, würde man Software nicht am liebsten von den Original-CDs kupfern.

Kopierverluste entstehen durch menschliches Versagen (etwa wenn gelangweilte Mönche den Bibeltext reproduzierten), oder durch Eigenheiten der Technik (VHS). Im Digitalen kann man Kopierverluste durch Prüfalgorithmen gezielt minimieren.

Generationen

Macht man Kopien von Kopien, entstehen *Generationen*. Hier können sich die Kopierverluste dramatisch steigern; jeder Fehler, der einmal in der Kette ist, bleibt erhalten; wie bei der ›stillen Post‹ haben Fehler die fehlerhafte Eigenschaft, sich zu summieren.

Kopierverluste sind ernst, weil sie eine *Korruption* der symbolischen Prozesse bedeuten. Wie die materielle Beharrung durch den materiellen Verfall, wird die Wiederholung durch den Kopierverlust untergraben.

Original

Die blaue Blume im Land der Medien ist das *Original*. Benjamin bereits hat festgestellt, dass die Kunst ganz auf das Original setzt, dass dieses in den technischen Medien aber keine Rolle mehr spielt. Konnte man im Fall manueller Reproduktion Original und Kopie noch unterscheiden, lebt die technische Reproduktion von der Gleichheit und Austauschbarkeit der Exemplare.

Interessant ist das Beispiel der Fotografie: Wenn es hier ein Original gibt, ist dies das Negativ. Das Negativ selbst aber zielt ganz auf die Reproduktion, es ist Glied einer technischen Kette; als Bildwerk hat es keinen eigenen Wert.

Gerade weil es Kopierverluste gibt aber, ist der Besitz des Originals (z. B. des Negativs) wichtig. Die Filmfirmen treiben großen Aufwand, um ihre Negative zu konservieren, weil nur dies die Herstellung qualitativ guter Reproduktionen erlaubt.

Monument und Wiederholung

Materielle Einschreibung (Monument) und Wiederholung also unterliegen unterschiedlichen Gesetzen. Beides sind Wege zur Überwindung der Zeit, Mechanismen kultureller Kontinuierung.

So groß die Unterschiede sind, so verblüffend ist festzustellen, dass beide dennoch systematisch zusammenhängen:

Das Monument nämlich ist – letztlich – eine Maschine zur Initiierung von Wiederholung: Zu den Pyramiden kann ich mehrfach fahren, im Laufe der 5000 Jahre ihres Bestehens haben unendlich viele Leute sich von ihnen beeindrucken lassen.

Und umgekehrt enthält die Wiederholung einen Aspekt von Monumentalität. Damit etwas als eine Wiederholung überhaupt erkannt werden kann, muss das wiederholte Ereignis irgendwo – z. B. im Gedächtnis – materiell zwischengespeichert werden.

Monument und Wiederholung also sind wechselseitig aufeinander bezogen.

Hardware, Symbole, Gedächtnis

Zudem gibt es Übergänge zwischen den unterschiedlichen Arten der Einschreibung:

Beispiel sei die Musik: Gesellschaften mit mündlicher Traditionsbildung mussten Melodie, Harmonien und Rhythmus mündlich/praktisch von Generation zu Generation weitergeben; Ort der Einschreibung war das *Gedächtnis*. Mit Entwicklung der Notenschrift konnte zumindest der Melodieverlauf schriftlich/symbolisch repräsentiert werden.

Ganz anders die Klangfarbe: Sie war Sache des *Instrumentenbaus*: Was man heute Sound nennt, hat man in Technik (Hardware) eingeschrieben, der Klang wurde materiell niedergelegt und tradiert. Beim Synthesizer dann wird der Klang von der Hardware gelöst und ebenfalls in Software (d.h. in Symbolen) niedergelegt. Die Mediengeschichte also *wechselt* zwischen den verschiedenen Aufschreibesystemen.

Die unterschiedlichen Arten der Einschreibung können einander ablösen/ersetzen.

Raum versus Zeit

In einem letzten Schritt sind nun Raum und Zeit ins Verhältnis zu setzen.

Netz

Kehrt man noch einmal zur Unterscheidung ›Übertragen, Speichern und Prozessieren‹ zurück, stellt man fest, dass die Akte des Übertragens und Speicherns – denkt man sie sich aneinandergereiht – eine Art *Netz* bilden.

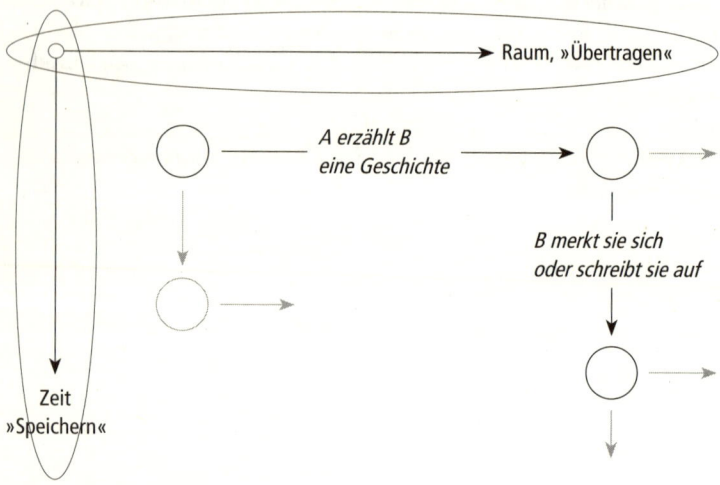

Prozessieren

Deutlich wird weiter, dass das *Prozessieren* in den jeweiligen Knoten des Netzes geschieht.

Relais

Jeder Knoten ist eine *Relaisstation*. Im einfachsten Fall werden die Zeichen von Relais zu Relais einfach weitergegeben; hierfür muss die Adresse gelesen und der Weg für die Weitergabe ausgewählt werden. In den meisten Fällen wird das Prozessieren in das Material tiefer eingreifen.

An den Knoten/Relaisstationen können entweder Menschen oder Maschinen sitzen.

»Prozessieren«,
Relais

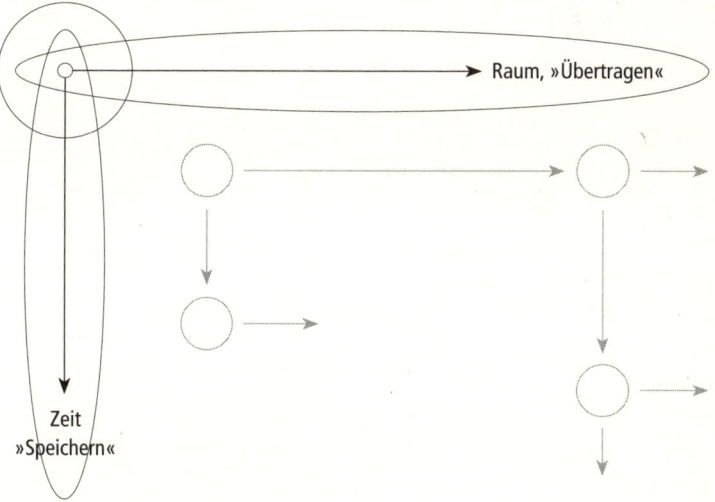

Raum, »Übertragen«

Zeit
»Speichern«

Trennung von Sender und Empfänger

Bestimmt man die Medien über die Überwindung von Raum und Zeit, so bedeutet dies gleichzeitig, dass Sender und Empfänger nicht den gleichen Raum teilen.

Dies steht in deutlicher Spannung zu einer Alltagsauffassung von ›Kommunikation‹, die häufig die Kommunikation *Anwesender* zum Idealtypus nimmt.[57]

Die räumlich-zeitliche Trennung ist die Basis dafür, dass im Verlauf der Mediengeschichte auch die Rollen zunehmend auseinandertreten: Produzenten- und Rezipientenrolle werden vereindeutigt; schon im Fall der Schrift muss der Schreibende mit seiner Arbeit fertig sein, bevor der Lesende das Produkt lesen kann.

Die Vorgeschichte ereignet sich im Theater: Während der Ritus nur Beteiligte kennt, trennt das Theater, obwohl Präsenzöffentlichkeit, die Schauspieler vom Publikum ab. Die meisten nachfolgenden Medien radikalisieren diese Trennung.

Eine etwas abstraktere Überlegung: Das Gesagte nämlich hat Folgen für die Konstruktion von Medientheorie insgesamt.

Wenn das Alltagsverständnis das Gespräch – die Kommunikation *Anwesender* – zum selbstverständlichen Ausgangspunkt nimmt, so erscheint dies nicht haltbar.

Sehr viel typischer für die Medien ist, dass Sender und Empfänger sich *nicht* begegnen, weil Produktion und Rezeption räumlich und/oder zeitlich auseinanderfallen. Typisch für die Medien also ist nicht die Präsenz, sondern die *Absenz*.

Präsenz und Präsenzöffentlichkeit sind ein relativer Sonderfall im Reich der Medien.

Präsenz, Hier und Jetzt	Überwindung des Raumes →	→	Räumliche Absenz, zeitliche Präsenz
Überwindung der Zeit ↓ ↓			
Zeitliche Absenz, räumliche Präsenz			Räumliche und zeitliche Absenz. [Überwindung von Raum und Zeit]

Diese Absenz ist für die Medien konstitutiv. Platon bereits hat in seiner Schriftkritik beklagt, dass man den Autor eines schriftlichen Textes nicht befragen kann; Derrida hat diesen Vorwurf umgekehrt und seine Medientheorie gezielt auf die Logik der Schrift (und die Abwesenheit) zentriert.

Zeichen, Vertretung

Abwesenheit ist noch in einem weiteren Sinne wichtig, und zwar für die generelle Funktionsweise der Zeichen: Der Gegenstand, auf den das Zeichen zeigt, ist so gut wie niemals anwesend; das Zeichen *repräsentiert* den Gegenstand; es *vertritt* ihn im vorliegenden Kontext.

Was nicht abwesend ist, muss nicht vertreten werden.

Re-Präsentation meint genau das.

Der Grenzfall der Abwesenheit ist der Tod – ist der Autor tot, kann ich ihn endgültig nicht mehr befragen und mir bleibt nur der Text.

Entsprechend gibt es eine lange Tradition, die die Schrift und allgemein die technischen Speicher als ›tot‹ beschreibt und der ›lebendigen‹ Kommunikation lebendiger Menschen entgegensetzt (Platon, Assmann).[58] Dies ist ein Problem, weil die Medienentwicklung so zu einer Art Sündengeschichte wird: Am Anfang scheint die Kommunikation – gebunden an den lebendigen Menschen – unproblematisch ›bei sich‹ zu sein und sich danach von diesem Idealzustand immer weiter zu entfernen. Technik erscheint als ›Entfremdung‹.

Insbesondere Derrida hat diese Sicht kritisiert. Er hat gezeigt, dass Kommunikation, schon insofern sie Symbole benutzt, niemals ›bei sich‹ ist.

Absenz ist nicht ein Sünden-, sondern der Normalfall.

Kontextentbindung

Summiert man die Bestimmungen zu Raum und Zeit auf, kann man sagen: Medien funktionieren als eine Maschine der *Kontextentbindung*.

Diese Bestimmung ist sehr wichtig und weitreichend. Sie schließt an das Container-Bild oben an.

Das einzelne Medienprodukt muss sich aus dem Kontext seiner Entstehung losreißen, weil es in einem völlig anderen Kontext – dem Kontext des Empfängers – funktionieren muss.

Gleichzeitig kann das Medienprodukt (und sein Produzent) nicht wissen, wie dieser Empfängerkontext aussehen wird.

Es muss deshalb so *universell* sein – so weit von jedem konkreten Kontext *abstrahieren* –, dass es den Kontextwechsel heil übersteht.

Eine interessante und unvermutete Parallele ergibt sich zwischen Medienprodukten, Zeichen und *Waren*.

Auch Massenwaren werden für einen weitgehend anonymen Markt produziert und sind deshalb notwendig standardisiert und abstrakt. (Die Treppe, die ein Schreiner für einen Kunden macht, kann auf die konkreten Bedingungen vor Ort Rücksicht nehmen. Die in Folie eingeschweißte Fertigtreppe, die in einem Baumarkt liegt, muss universell funktionieren.)

Zeichen und Waren werden beide verschickt und zirkulieren durch das Adernetz der Gesellschaft. Sie teilen den Mechanismus des Kontextwechsels (die Überwindung von Raum und Zeit). Hieraus resultiert ihr notwendig abstrakter Charakter.

Situation, Kontext

Gegenpol zur Abwesenheit ist die Anwesenheit; Kontextentbindung verweist zurück auf den jeweils konkreten *Kontext*, die jeweils konkrete, einzelne *Situation*.

Situation und Kontext sind immer an eine Vielfalt konkreter Umstände gebunden, die nicht reproduzierbar und nicht austauschbar sind (Derrida).[59] (Wenn man Situationen wiederum typisiert, geht die Vielfalt der tatsächlichen Umstände verloren.)

Situation und Kontext sind deshalb der radikale Gegenpol zur Funktionsweise von Telekommunikation, Ware und Zeichen.

Kontext gestaffelt

Der Kontext – z. B. einer Äußerung – ist in sich gestaffelt: Er umfasst zunächst den textuellen und dann den außertextuellen Umraum.

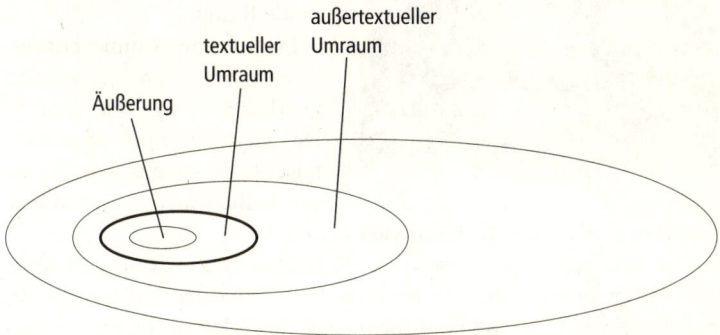

Situation, Kontext und *Horizont* hängen zusammen.

Konflikt

Situation/Kontext und Tele-kommunikation bilden zwei unterschiedliche, konkurrie-rende Räume.

Dass beide Räume *zusam-menprallen*, wird besonders deutlich im Falle des Handys: Das Handy klingelt immer im falschen Moment, Handynut-zer brüllen in der Öffentlich-keit ihre privatesten Verhältnisse heraus.

Die Telefonzelle war ein Versuch, Telekommunikation und Kon-text durch eine Glasbox zu trennen. Der Fehler des Mobilfunks ist, dass man zwar das Telefon, nicht aber die Telefonzelle tragbar ge-macht hat.

Erfahrung

Medien und Zeichen stehen in einer systematischen Spannung zur Erfahrung.

Während Erfahrung Anwesenheit, Beteiligt- und Involviertsein verlangt und als subjektiv ›unmittelbar‹ erlebt wird, operieren Medien und Zeichen auf Distanz. ›Unmittelbarkeit‹ und ›Vermittlung‹ treten sich damit gegenüber.

Gleichzeitig gehen die meisten unserer Orientierungen, Überzeugungen und Wissensbestände gerade nicht auf Erfahrung, sondern auf Medienerfahrung zurück. Die Realerfahrung wird durch Zeichen und Medien tiefgreifend strukturiert.

Abstand, Reflexion

Erst in der Abstandnahme von Involviertsein und Erfahrung entsteht der Raum für den spezifisch reflexiven Charakter der Medien.

(Selbstverständlich kennen auch Medien emotionales, identifikatorisches und selbst körperliches Involvement; eingebunden in ein Probehandeln aber geht dieses niemals so weit wie im Fall realer Erfahrung. In den Medien wird auch das Involvement, so könnte man sagen, *probiert*. In einem ungefährlichen Raum, der von realen Konsequenzen entkoppelt ist, werden Erfahrungen mit Involvement gesammelt. U. a. deshalb zählen Drogen nicht zu den Medien.)

Synästhesie

Realerfahrung ist u. a. definiert über die Synästhesie, das Zusammenspiel aller Sinne und ihre wechselseitige Kontrolle. Medien dagegen operieren häufig auf Basis einzelner Sinne. Eine Synästhesie erlauben sie damit nicht.

Die Geschichte der Medien ist ein Hadern u. a. mit dieser Grenze. Vom ›Gesamtkunstwerk‹ bis zu ›Virtual Reality‹ und ›Telepräsenz‹ zieht sich die Geschichte von Versuchen, immer weitere Sinne in die Medienerfahrung einzubeziehen.

Ziel ist häufig ein Realismuseffekt; oder – radikaler – man erkennt die Trennung zwischen symbolischen und außersymbolischen Prozessen grundsätzlich nicht an.

Körper

Medien stehen in einem Spannungsverhältnis zum Körper und beziehen ihn gleichzeitig ein.

Medien und Zeichensysteme nehmen Abstand von der körperlichen Erfahrung und stehen ihr als eine Sphäre der *Abstraktion* gegenüber.[60] Obwohl auch die Zeichen einen Körper haben, haben sie eine ›idealistische‹ Tendenz.

Gleichzeitig arbeiten viele Medien mit Körper-Effekten: der Film etwa mit dem Schock und einer Vielzahl visuell vermittelter Lüste, die Popmusik mit dem lustvollen Resonieren des Körpers im Sound.

6

Zeichen und Code

Medien sind Zeichenmaschinen und arbeiten mit Codes. *Was aber ist ein Zeichen und was ist ein Code?* Dies ist eine der schwierigsten Fragen im Reich der Medien.

Und dies vor allem, weil es eine große Zahl von *irreführenden Antworten* gibt.

Hier trennen sich Semiotik und Medientheorie; was aus der Perspektive der Semiotik durchaus Sinn macht, kann zu Konsequenzen führen, die aus der Perspektive der Medientheorie problematisch sind. Hierfür sollen – als eine Art Vorüberlegung – fünf Beispiele genannt werden. Im Mittelpunkt steht die Frage:

Gibt es Medien ohne Codes?

Sprache

Das wohl bekannteste Beispiel für einen Code ist die *Sprache*. Hier wäre der Code unstrittig; die Sprache verfügt über ein Lexikon, das alle bedeutungstragenden Wörter enthält; die Regeln, wie man aus Wörtern Sätze bildet, sind in einer Grammatik verbindlich niedergelegt.

Aber ist dieses auf alle anderen Medien übertragbar? Funktionieren andere Medien nicht anders? Kann ich unterstellen, dass alle Codes der Sprache ähnlich sind?[61]

Häufig wird der Code als das Reservoir der Zeichen betrachtet, aus denen symbolische Produkte sich zusammensetzen (Modell: Setzkasten).

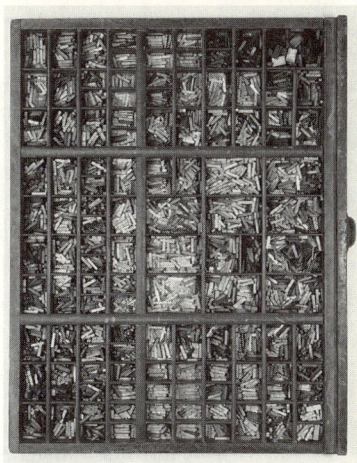

Für einige Zeichensysteme ist dies sicher ein zutreffendes Bild; so gibt es exakt 26 Buchstaben, und wenn ich schreibe, muss ich jeweils einen davon auswählen. Andere Buchstaben gibt es nicht. Für andere Zeichensysteme aber gilt dies – ebenso offensichtlich – nicht. Fotografie und Film kennen kein Reservoir in diesem Sinne aufzählbarer Zeichen.

Betrachtet man die Medien insgesamt, ist das Bild vom Code als Zeichenreservoir/Setzkasten offensichtlich verkürzt.

ikonisch versus symbolisch

Weiter hat man zwischen ikonischen und symbolischen Systemen unterschieden.

Ikonische Systeme sind dadurch gekennzeichnet, dass Zeichen und Bezeichnetes (z. B. das Bild und das Abgebildete) durch eine Relation der *Ähnlichkeit* miteinander verbunden sind. Symbolische Systeme dagegen stützen sich auf einen Code (Peirce).[62] Sprache, Daten und Algorithmen wären symbolisch, Bildwerke, Fotografie, Film und Fernsehen wären ikonisch.

(Als eine dritte Kategorie hat Peirce ›indexikalische‹ Zeichen genannt; Rauch etwa zeigt Feuer an, und Spuren verweisen auf Wild.)

Wenn es allein um die Struktur der Zeichen geht, ist die Trennung verständlich. Aus der Perspektive der Medientheorie allerdings führt sie in Probleme, weil zwischen Bildern und symbolischen Systemen – wie selbstverständlich – ein kategorialer Gegensatz entsteht.

Es muss der Eindruck entstehen, gestützt auf ihre ›Ähnlichkeit‹ *benötigten die Bilder keinen Code.* Hieraus wird häufig ein Sonderstatus der Bilder abgeleitet. Inwiefern aber sind die Bilder – Fotografie, Film und Fernsehen – dann ein ›Zeichensystem‹?

Und sind tatsächlich alle Bilder dem Abgebildeten ›ähnlich‹?

arbiträr versus motiviert

Eine ähnliche Trennung ist diejenige zwischen *arbiträr* und *motiviert*.

Manche Zeichen, hat man gesagt, sind motiviert, andere sind arbiträr: Bei motivierten Zeichen gibt es einen Grund für die Wahl des Zeichens – Beispiel sei der lautmalerische Name des Kuckucks. Bei arbiträren Zeichen dagegen ist die Wahl des Zeichens ›willkürlich‹, bzw. geht auf gesellschaftliche ›Vereinbarung‹ zurück.

Dass es bei arbiträren Zeichen kein erkennbares Motiv für die Wahl des Zeichens gibt, ist plausibel. Was aber heißt ›Willkür‹, und was heißt ›Vereinbarung‹? Gab es eine Konferenz, auf der die willkürlichen Zeichen vereinbart wurden? Sehr viel sinnvoller ist es, ›arbiträr‹ mit ›historisch gewachsen‹ zu übersetzen. Eine Determination durch die Geschichte aber wäre keineswegs Willkür ...

Und umgekehrt: Spielen die Geschichte und die Gebrauchsweisen nicht auch bei motivierten Zeichen eine Rolle?

Realaufzeichnung

Und Kittler schließlich sagt explizit, dass die Entwicklung der technischen Medien das Symbolische hinter sich lässt. Um 1900, mit dem Grammophon, sei die Mediengeschichte zur ›Realaufzeichnung‹ übergegangen.[63]

Wo die Notenschrift – in Symbolen – nur den Melodieverlauf festhalten kann, erlaubt das Grammophon erstmals eine ›direkte‹ Aufzeichnung von Sinnesdaten. Und wo das menschliche Ohr zudem Ton und Nebengeräusch auseinandersortiert, behandelt das Grammophon Ton und Nebengeräusch gleich. Die Realaufzeichnung scheint das Symbolische *umgehen* zu können.

Auch dies ist plausibel. Grammophon, Fotografie und Film kann man tatsächlich nur dann analysieren, wenn man ihre Materialität und ihr spezifisches Realismusversprechen ernst nimmt.

Problematisch ist, dass die ›Realaufzeichnung‹ in einen scheinhaft-klaren Gegensatz zum Symbolischen tritt. Ist nicht auch das Grammophon auf Hörgewohnheiten und damit auf ein strukturiertes Vorwissen angewiesen?

alternativer Ansatz

Wenn die Medienwissenschaft es mit dem Symbolischen, also mit Zeichenmaschinen und Zeichenprozessen zu tun hat, braucht sie ein Konzept des Zeichens und des Codes, das andersartig, robuster und vor allem medienübergreifend gültig ist.

Medien ohne Code – ohne organisiertes Vorwissen – gibt es nicht.

Eine Semiotik, die zum Medienvergleich taugen soll, muss deshalb einen alternativen und etwas indirekteren Weg gehen.

distinkte Zeichen?

Klar ist: Es gibt Medien, die distinkte, aufzählbare Einzel-Zeichen nicht kennen. Vor allem die technischen Bilder – Fotografie, Film, Fernsehen – bieten eine kontinuierliche Bildfläche, die in ›Zeichen‹ zunächst nicht zerlegt werden kann; Film- und Fernsehbilder verändern sich gleitend auch in der Zeit.

Dies stellt die Semiotik (die Lehre von den Zeichen) vor ein großes Problem.

distinkt ↑	Kerben (Kalenderknochen)	Schrift, Zahlen		digitale Medien
		Saiteninstrumente		
		Blasinstrumente, Bilder		
↓ kontinuierlich	Lautstrom der Stimme, mündl. Sprache		Grammophon, Fotografie, Film, Fernsehen	(analoge Medien)
	Mediengeschichte →			

Wichtig ist der Lautstrom der gesprochenen Sprache: Er ist physikalisch *kontinuierlich*; dennoch würden wir die Sprache selbst als zeichenhaft-distinkt ansehen. Offensichtlich *erkennen wir* im kontinuierlichen Lautstrom distinkte, typisierte, sprachliche Zeichen *wieder*.

Dies macht klar, dass es nicht allein um die Eigenheiten der materiellen Zeichenträger gehen kann. Hier setzt der alternative Weg einer Erklärung an.

Schemabildung

Der allgemeinste Mechanismus im Reich der Medien ist die Schemabildung.

Die Fähigkeit, aus heterogenem Wahrnehmungsmaterial Schemata zu extrahieren, gehört zur biologischen Grundausstattung des Menschen (und vieler Tiere). Symbolische Systeme greifen diese Fähigkeit auf und heben die Schemabildung auf ein neues Niveau. Sie beliefern die Wahrnehmung mit Material, das bereits vor-schematisiert ist oder die Schemabildung gezielt unterstützt, wenn auch, wie gesagt, auf unterschiedlichem Niveau von Rigidität.

Schemata bilden sich in der Wiederholung heraus. Nur was sich wiederholt, kann als Schema erkannt werden. Schemata *verhärten* sich im Laufe der Zeit. Die Herausbildung von *Zeichen* ist ein Sonderfall dieses allgemeinen Mechanismus.

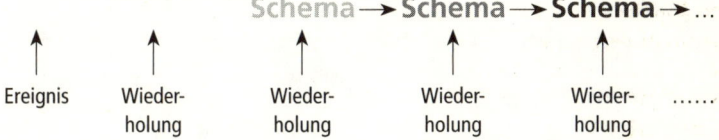

Stufen der Schematisierung

Medien kennen sehr unterschiedliche Typen von Schematisierung. Diese reicht von den ›weichen‹ Schemata der Realwahrnehmung über die Stereotypen der Bildmedien bis hin zu den ›harten‹, fest konstituierten Zeichen.

Betrachtet man die Bildmedien naiv, sieht man zunächst nichts als jeweils konkrete, sehr unterschiedliche Bilder. Erst auf den zweiten Blick tritt das Skelett der Schemata, Stereotypen und Genres hervor. (Hier arbeitet die Schematisierung fast unsichtbar, im Hintergrund.)

Sind die Schemata ›hart‹, spricht man von konstituierten Zeichen. Ein Zeichen muss sofort erkennbar und mit sich identisch sein.

harte Schemata ↑		Zahlen, Daten, Formalsprachen, Mathematik
		Schrift
	Zeichen ↑	mündliche Sprache, Musik
↑	Stereotypen, Regeln, Genres ↑	Fotografie, Film
weiche Schematisierung	Schemata	(Realwahrnehmung)

Wahrnehmungsproblem

Die Frage nach Zeichen und Code also ist u. a. ein *Wahrnehmungs-problem*.

Die konventionalisierten ›harten‹ Zeichen sind leicht zu erkennen, die ›weiche‹ Schematisierung operiert quasi hinter den Kulissen.

Konvention

Medien arbeiten mit Konventionen, und Zeichen haben konventionellen Charakter.

Konventionalisierung und Schemabildung sind eng verwandt; allerdings arbeiten Konventionen – deutlicher als Schemata – auf der Ebene des Kollektiven; Konventionen strukturieren den sozialen Raum, sie werden geteilt und sind in Teilen unbewusst.

Das wohl prominenteste ›konventionelle‹ System ist die Sprache.

Konventionalisierung

Konventionen sind das Resultat von Konventionalisierungsprozessen.

Konventionalisierungsprozesse sind allgegenwärtig. Sie reichen von den Routinen des Alltags bis hin zur Herausbildung von Verhaltensstandards und -normen.

Konventionalisierung geht – wie Schemabildung – auf *Wiederholung* zurück; ihre Pointe ist die Ersparnis von mentalem und sonstigem Aufwand.

Konventionen sind eine materielle *Niederlegung*. Sie schreiben sich in die Köpfe und Körper der Beteiligten ein.

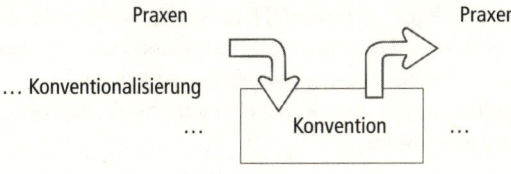

Medien arbeiten auf der Basis von Konventionen und sind Maschinen der Konventionalisierung.

implizites Wissen

Konventionen nehmen häufig die Form impliziten Wissens an (Polanyi).[64]

Medien arbeiten immer und grundsätzlich mit impliziten Wissensbeständen.

Implizites Wissen ist einerseits Voraussetzung aller Medienprozesse; und gleichzeitig bauen die Medienprozesse am Aufbau und Umbau des impliziten Wissens mit.

Das Problem des impliziten Wissens ist – theoretisch wie praktisch – alles andere als trivial, dies musste u.a. die Forschung zur künstlichen Intelligenz erfahren. Denn woher weiß man, dass es keine Äpfel mit 1,50 m Durchmesser gibt? Dass Türen immer bis zum Boden gehen oder dass Autos keine Masern kriegen?

Das Problem impliziten Wissens reicht bis in körpergebundene Wissensbestände hinein.

Vorwissen

Auf der Zeitachse ist das Problem fast noch prekärer: Medien nehmen immer und grundsätzlich *Vorwissen* in Anspruch.

Oder genauer: *Jedes aktuelle Medienprodukt operiert gegen eine Basis von Vorwissen.*

Tückisch ist, dass dieses Vorwissen am Produkt selbst nicht abzulesen ist, weil das Produkt das Vorwissen gerade *nicht* enthält.

Hiermit sind Verunsicherungen verbunden: Der Medienmacher kann sich nie sicher sein, welches Vorwissen er beim Publikum mit Sicherheit voraussetzen kann. Setzt er die Schwelle zu hoch an, ist er unverständlich, setzt er sie zu niedrig, wird er langweilen. Die Produktanalyse umgekehrt steht vor dem Problem, wie sie einbeziehen soll, was das Produkt selbst gar nicht sagt; zudem ist Vorwissen zu großen Teilen implizites Wissen.

kulturelle Kompetenz

Um Vorwissen einschätzen und in ihre Analysen kompetent einbeziehen zu können, braucht Medienwissenschaft *kulturelle Kompetenz*.

Wenn Vorwissen *implizit* ist, ist es grundsätzlich schwer zu explizieren. Was Kultur ist, liegt nicht offen zutage, ihre Triebkräfte wirken im Verborgenen, was ihre wesentlichen Strukturen sind, ist strittig.

Kulturelle Kompetenz heißt, möglichst viele kulturelle Kontexte zu kennen und nachzeichnen zu können. Kultur- und medientheoretische Modelle helfen, die überwältigende Vielfalt zu gliedern.

Zur kulturellen Kompetenz gehört auch, möglichst viele der gängigen Stereotype zu kennen; dies ist nur auf dem Hintergrund einer breiten Kenntnis von Medienprodukten möglich.

projektiver Anteil

Wenn Medien immer gegen Vorwissen operieren, dann bedeutet dies, dass Medienrezeption nicht allein Wahrnehmung (Input) ist: es gibt immer einen *projektiven Anteil*. Der Rezipient nimmt Inhalte auf, gleichzeitig aber ergänzt er diese aus dem Bestand seines Wissens und seiner Erwartungen; während er wahrnimmt, *projiziert* er Inhalte auf das Medienprodukt.

Letztlich gilt dies für Wahrnehmungen allgemein: Kinder können im Muster einer Marmorkachel Flugzeuge, Käfer oder einen Wasserfall sehen.

Medienwahrnehmung besteht darin, dass Rezipienten Wahrnehmung und Projektion ständig aktiv abgleichen. (Auch deshalb ist es wenig sinnvoll, eine Medienwissenschaft zu konstruieren, die allein auf Materialitäten setzt.)

In der Projektion vermischen sich subjektive und intersubjektive, individuelle und kollektive, bewusste und unbewusste Vorwissensbestände.

Code

Im Mittelpunkt der *intersubjektiven* Vorwissensbestände steht der *Code*.

Der Code gliedert die Welt und liefert die Kategorien, die ein aktuelles Medienprodukt überhaupt nur verständlich machen. Das jeweils aktuelle Produkt benutzt den Code als Umfeld und Hintergrund; im Fall stabil konventionalisierter Zeichensysteme liefert der Code das Reservoir der verfügbaren Zeichen.

Kodifizierung

Wie entstehen Codes? Da Codes nicht vom Himmel fallen und nicht verabredet werden, bleibt nur eins: Nach dem Modell von Konvention und Konventionalisierung muss auch der Code in seiner Entstehung auf *Praxen* und *Wiederholung* zurückgeführt werden.[65]

Konkret sind es die Äußerungsakte – Millionen von Äußerungsakten in der Vergangenheit –, die dem Code seine Form geben.

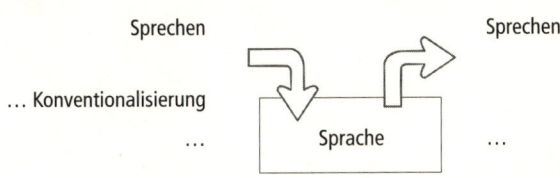

Bzw. für die Bildmedien:

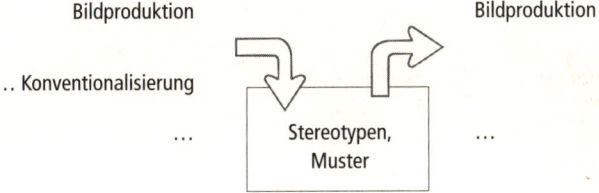

Zeichen

Zeichen – nach allem, was gesagt wurde, kann das nicht mehr ver-
wundern – sind das Resultat von Konventionalisierungs- und Kodi-
fizierungsprozessen.

Was als ein festgefügtes Zeichenreservoir erscheint, ist tatsächlich
das Produkt einer *Verhärtung*.[66]

Zeichenentstehung

Von den Sets fest konstituierter Zeichen geht die Aufmerksamkeit damit über auf die Mechanismen der Zeichen*entstehung*.

Zeichengrenzen, Zeichenidentität

Zeichen *sind* nicht einfach distinkt oder eben nicht, sondern sie gewinnen ihre Grenzen und ihre Identität im Verlauf dieser Verhärtung.

K ■■■□□ R ■■□□□

Zeicheninhalt, Bedeutung

Zeichen erhalten ihren ›Inhalt‹ indem sie die unendlich vielen Texte und Kontexte in sich aufsaugen, in denen sie gebraucht wurden.

Im Aktuellen ist dies bekannt: Sehen wir ein unbekanntes Wort oder ein unbekanntes Bildelement, schließen wir aus dem Kontext auf die Bedeutung zurück. Im Sprachsystem insgesamt allerdings ist der Maßstab größer: *Bedeutungszuweisung geschieht nicht jeweils aktuell, sondern in einer unendlich langen Kette von Gebrauchsakten.*

Zeichen sind Maschinen, in denen sich Inhalt und Bedeutung unendlich vieler Kontexte der Vergangenheit aufakkumuliert.

Medien

Damit wird es möglich, die verschiedenen *Medien* auf eine neue Weise zu ordnen. Zentral wäre nicht, dass Bilder grundsätzlich anders als Schriftzeichen oder Datenbanken funktionieren, sondern:

Die unterschiedlichen Medien stehen für unterschiedliche Zeichensysteme, diese operieren auf jeweils unterschiedlichen Niveaus von Konventionalisierung und Kodifizierung.

Sie stehen damit für unterschiedliche Stufen und Niveaus im Prozess einer Herausbildung distinkter Zeichen:

	Realwahrnehmung	Bildmedien	Sprache, Schrift	Formalsprachen, Mathematik
(Kontinuum des Wahrgenommenen) →	Gestalterkennung →	Schematisierung →	vorsegmentierte Einheiten →	
	↓			
	Schemata	↓		
		Schemata, Stereotypen	↓	
			konstituierte Zeichen	↓
				formale Zeichen, formale Regeln

distinkte Zeichen

Die Herausbildung distinkter Zeichen erscheint als logischer *Sprung*:

In Realwahrnehmung und Bildmedien liegt die Mustererkennung auf Seiten des Rezipienten; er ist es, der den Bildraum in signifikante Einheiten zerlegt (›Segmentierung‹). (Hintergrund ist seine Bildkompetenz, sein kodifiziertes Wissen.)

Im Fall konstituierter Zeichensysteme (Sprache, Schrift, Formalsprachen) liefert die signifikanten Einheiten bereits der Code. Musterbildung wie Segmentierung sind *vorgeprägt*.

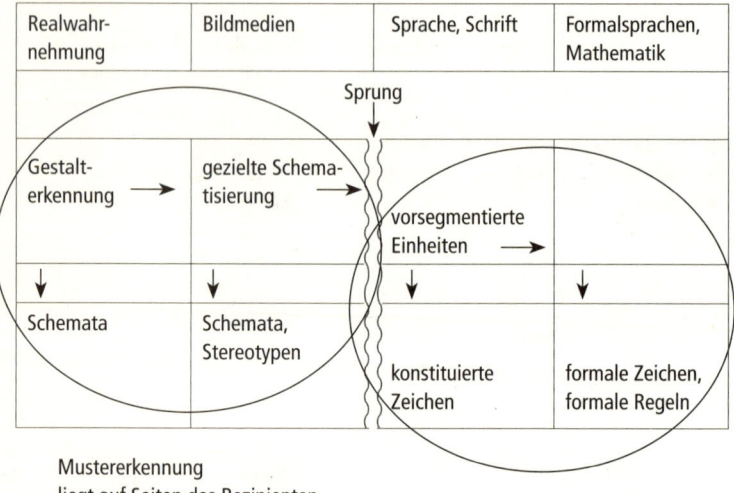

Realwahr-nehmung	Bildmedien	Sprache, Schrift	Formalsprachen, Mathematik
		Sprung	
Gestalt-erkennung →	gezielte Schema-tisierung	vorsegmentierte Einheiten →	
↓	↓	↓	↓
Schemata	Schemata, Stereotypen	konstituierte Zeichen	formale Zeichen, formale Regeln

Mustererkennung
liegt auf Seiten des Rezipienten

Muster zeichenhaft vorgeprägt
(Teil des Codes und des Produkts)

Segmentierung
liegt auf Seiten des Rezipienten

vorsegmentierte Einheiten
(Teil des Codes und des Produkts)

Formalsprachen

Wenn die vorgeschlagene Perspektive richtig ist, ergibt sich die drastischste Änderung für die Positionierung der Formalsprachen.

Werden diese häufig als ›Konstrukt‹ und als *unabhängig* von Konvention und Konventionalisierung beschrieben, bilden sie nun deren am weitesten vorangetriebenen Punkt:

Ihre stillgestellten, mit sich identischen Zeichen und deren klare, fest-verbindliche Relationen sind nur möglich auf dem Hintergrund einer drastisch, rigide, weit vorangetriebenen Formalisierung.

Auch hier gilt, *dass Konventionalisierung Form generiert.*

(Eigentlich ist dies klar. Denn selbstverständlich ist die formale *Logik* eine Verlängerung der Grammatik und damit *abgezogen aus natürlichsprachlichen Texten.* Und von dort aus vorangetrieben bis zu einem System, das innere Widerspruchsfreiheit zum Geltungskriterium macht. Ähnlich die Mathematik; und Flusser sagte, die *Zahlen* seien ›ausgewandert aus dem alphanumerischen Code‹.)[67]

gegen Schematisierung und Code

Andere Medien haben ihre Pointe gerade darin, dass sie solch strikte Schematisierung *vermeiden*.

Fragt man nach der Positionierung der *technischen Bilder*, so ist wichtig, dass diese historisch *nach* der Schrift entstanden sind. Fotografie, Film und Fernsehen sind mediengeschichtlich als eine *Reaktion* auf den strikten Schematismus von Sprache und Schrift zu verstehen.

Fotografie, Film und Fernsehen unterbieten gezielt den strikten Schematismus von Sprache und Schrift.[68]

Dasselbe gilt für das Grammophon. (Wenn daraus abgeleitet wird, Code und Kodifizierung spielten hier keine Rolle, ist dies, wie gesagt, falsch. Die Anhänger der Bildmedien neigen dazu, den Code zu marginalisieren und seine Rolle systematisch zu unterschätzen. Ähnlich übrigens wie in den Literaturwissenschaften, wo jedes große Werk nach wie vor als letztlich einzigartig/unvergleichbar gilt).

Code verdeckt

Alles Reden über den Code hat die Schwierigkeit, dass dieser ganz oder zu Teilen verdeckt – jenseits der wahrnehmbaren Oberflächen – operiert.

Der Code ist der Wahrnehmung auf systematische Weise entzogen.

(Dies mag dazu beitragen, dass die Mechanismen des Codes und der Kodifizierung auch in der Medientheorie immer wieder vernachlässigt werden.)

Die Gründe, warum der Code sich der Wahrnehmung entzieht, sind deshalb eine eigene Überlegung wert:

Verdichtung

Wenn es tatsächlich Millionen (und Milliarden) von Äußerungen sind, die dem Code seine Form geben, so heißt das, dass diese unendlich vielen Äußerungen im Code sich *verdichten*.

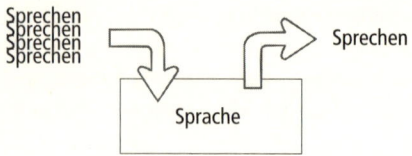

Dem Code selbst ist dies nicht mehr anzusehen. Die Äußerungen, die ihm seine Form verliehen haben, können aus dem Code nicht mehr rekonstruiert werden.

Die Verdichtung ist der hauptsächliche Grund, dass der Code auf spezifische Weise ›unbewusst‹ ist (Metz).[69]

Verschwinden

Ein zweiter Mechanismus ist fast paradox: Einerseits nämlich gibt es Medieninhalte, die in den Diskursen besonders dominant und häufig auftreten; und diese haben eine gute Chance, ins allgemeine Vorwissen, ins kollektive Unbewusste, den Code überzugehen.

Dies aber bedeutet gleichzeitig – und das ist wirklich tückisch –, dass solche Inhalte *von der Oberfläche der Diskurse möglicherweise verschwinden.*

Was in den Code eingegangen ist, muss ausdrücklich nicht mehr gesagt werden.

Gerade *wichtige* Inhalte sinken damit unter die Wahrnehmungsschwelle ab.

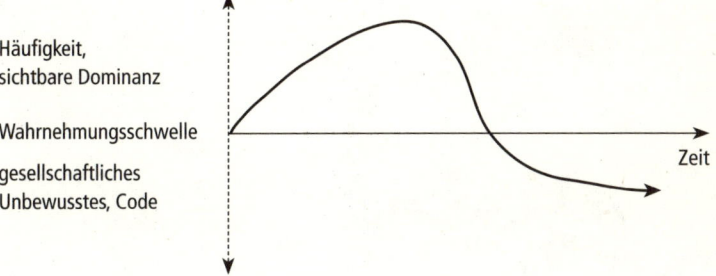

Häufigkeit,
sichtbare Dominanz

Wahrnehmungsschwelle

gesellschaftliches
Unbewusstes, Code

Zeit

Vergessen

Medien sind also nicht nur Apparaturen des kollektiven Gedächtnisses, sondern auch sie organisieren auch das *Vergessen*.

Die Oralitätsforschung spricht von ›struktureller Amnesie‹;[70] Vergessen bedeutet hier nicht einfach verlieren; Inhalte werden *in die Struktur hinein vergessen*.

Auf diese Weise werden sie verdeckt weitertradiert.

Normalisierung, Naturalisierung

Medien neigen zu Normalisierung und Naturalisierung.

Einmal kodifiziert erscheinen die Dinge, als müssten sie so sein, wie sie sind. Ihre Stabilität – und die Stabilität des Codes – erscheint als ›natürlich‹.

An diesem Anschein von Normalität/Unverrückbarkeit hat sich die Kunst immer abgearbeitet; Šklovskij hat vertreten, Kunst habe grundsätzlich eine ›Entautomatisierung‹ – einen Bruch mit Gewohnheit und Konventionen – zu leisten.[71]

Bedeutung plural

›Bedeutung‹ – und das ist eine weitere Tücke – haben die Elemente eines kodifizierten Systems nicht jedes für sich.

Bedeutung vielmehr ergibt sich im *Verweis auf andere Elemente des kodifizierten Systems* (Saussure).[72] (Das Lexikon würde solche Verweise nachzeichnen: beim Wort Pferd würde es auf das allgemeinere Konzept Tier verweisen, auf die vier Hufe, das Reiten usf.) Worte verweisen auf Worte, Stereotypen verweisen auf andere Stereotypen.

Hieraus folgt, dass Bedeutung *pluralen Charakter* hat. Erst die Gesamtheit der Verweise macht die Bedeutung eines Elements aus. Bedeutung ist das Weltwissen, das sich, gesteuert durch die Struktur des Codes, um das fragliche Element herum gruppiert.

Netz, Verweise

Für das System insgesamt ergibt sich damit das Modell eines *Netzes*. Die pluralen Verweise bilden Bündel und überlagern sich zu komplexen Strukturen.

Differenz, Abstoßung

Das Netz der relationalen Verweise – dies hat die Semantiktheorie gezeigt – wird im Wesentlichen durch Differenzbildung, also durch *Abstoßung*, gebildet. Wir wissen, was ein Pferd ist, weil wir den *Unterschied* zu Kühen, Schafen (und Traktoren) sicher beherrschen.

Und ebenso für die Klischees und Stereotypen des Bilderdiskurses: Es ist nicht nur so, dass das jeweils aktuelle Material Unterschiede enthält (oder behauptet), es spielt immer auch auf bereits konventionalisierte Unterschiede an.

Gebunden an Differenzbildung und Unterschied sind Medien und Symbolsysteme Maschinen der *Analyse*.

Konnotationen

Jedes kodifizierte Element steht in einem *Hof von Konnotationen.*

Wann immer das Element auftaucht, wird auch das Umfeld dieser Konnotationen mit aktualisiert, Konnotationen *schwingen mit.* Kulturelle Kompetenz bedeutet, auch solche Konnotationen/Assoziationen nachzeichnen zu können, die *nicht* auf den ersten Blick evident sind.

Denotation, Konnotation

Traditionell hat die Sprachwissenschaft zwischen Konnotation und Denotation unterschieden.

Denotation bezeichnet den Kernbereich der Bedeutung, der intersubjektiv verlässlich vorausgesetzt werden kann. Konnotationen bilden das Umfeld von Nebenbedeutungen, die eher individuellen Charakter haben. Denotation als Bedeutungskern gilt als rational, die Konnotationen gehen in die Zone des ›Emotiven‹, der Wertung und des Gefühls über.

Aus der Sicht der Medientheorie sind diese Termini schwierig; während die Pluralität der Konnotationen evident erscheint und sehr vereinbar mit dem Modell einer netzförmig-pluralen Bedeutung, löst sich der Eindruck einer singulären Bedeutung (Denotation) fast auf …

Plausibel wäre eine quasi-statistische Vorstellung: dass ein Bedeutungskern (›Denotation‹) sich in einem Prozess quantitativer Aufhäufung (Redundanzbildung) gleichsam *herauskristallisiert* und *verhärtet*.

Selektion, Kombination

Medien funktionieren nach dem Prinzip der *Selektion* und der *Kombination*.

Am striktesten ist hier die Sprache: weil sie – linear – immer nur ein Element auswählt und anreiht.[73]

In allgemeiner Form aber gilt dies auch in den Bildmedien. Denn grundsätzlich muss der Medienmacher *entscheiden*, was sein Produkt enthalten soll und was nicht (Selektion). Der zweite Schritt ist die materielle Anordnung (Kombination).

In Medien mit distinkten Zeichen tritt die Selektion – das ›Oder‹ – in den Vordergrund. Bei analogen Medien das liberalere ›Und‹.

Man kann die Medien deshalb in Und-Medien und in Oder-Medien teilen.

Interessant ist das Beispiel von Bildschirm-Menus: In der Fläche werden Optionen präsentiert (Und), die sich strikt selektiv zu einander verhalten (Oder).

Code abwesend

Fasst man den Code als Netz relationaler Verweise, so ist dies ein
helles, rationales, analytisches Bild. Dies aber trügt, weil das Netz in
den vorfindlichen Medienprodukten eben *nicht* ›anwesend‹ ist.

Es gibt keine Möglichkeit, sich über den Code – wie über die
materialen Eigenschaften des Produkts – sicher zu einigen. Und es
gibt keinen Punkt, von dem aus das Netz des Codes als ganzes zu
überblicken wäre.

Deutung (und Bedeutung) muss deshalb immer als etwas ›Weiches‹
erscheinen. (Ein Grund mehr, warum ängstliche Charaktere so gerne
Zuflucht bei den scheinbar verlässlichen Formalsprachen suchen.)

Fragt man nach dem materiellen Ort, an dem der Code seinen Sitz hat, so ist dies bei den meisten Medien das menschliche *Gedächtnis*. (Lexika z.B. versuchen nur nachzuzeichnen, was die basalen Strukturen des Codes sind).

Auch das Gedächtnis aber ist ein ›unheimlicher‹ Ort; weder in unseren eigenen Kopf – geschweige denn in den anderer – können wir wirklich hineinsehen.

intersubjektiv

Zeichen und Codes sind notwendig intersubjektiv. Hierin verbirgt sich eine weitere (doppelte) Tücke:

Wenn der Code nämlich keinen anderen materiellen Ort hat als in der Gesamtheit der unendlich vielen, verteilten Köpfe, so ist auch dies unheimlich: Wie ist es möglich, dass die Sprache als ein gesellschaftliches Gesamtkunstwerk auf einer so verteilten Hardware läuft?

Zweitens ergibt sich wieder die Frage der Redundanz: Wie ist es möglich, dass die Codes in ihrem Kernbestand überhaupt *geteilt* werden? Wo sie doch auf so unterschiedliche Lebensgeschichten und Medienerfahrungen zurückgehen und sich die Orientierungen und Weltbilder doch so augenfällig unterscheiden?

Schnittmenge

Weil Bedeutung einerseits geteilt wird, andererseits aber Spielräume für individuelle Unterschiede bereitstellt, hat man sie als ›*Schnitt-menge*‹ jeweils individueller Bedeutungssysteme beschrieben.

In seinem Kern mag der Code klar definiert sein; in seinen indivi-dualisierten Randbereichen franst er auf spezifische Weise aus.

andere Texte

Wenn man den Code auf die Gesamtheit der Äußerungen (Textereignisse) der Vergangenheit zurückführt, geht auch hiervon eine tiefgreifende Irritation aus.

Auch die Fläche dieser vergangenen Äußerungen nämlich ist von keinem Punkt aus zu überblicken, geschweige denn zu beherrschen.

Vermittelt über den Code aber sprechen diese vergangenen Texte in jeder aktuellen Äußerung mit.

Medienprodukte müssen encodiert werden (auf der Seite der Produktion) und decodiert (auf der Seite der Empfänger).

Dies wird häufig mechanistisch missverstanden, so als ginge es darum, einen vorgegebenen Text in Morsezeichen oder Morsezeichen wieder in Klartext zu übersetzen.

Tatsächlich ist der Vorgang mehr als komplex. Auf der Seite der Produktion geht es um Formgebung (um In-formation), auf der Seite der Empfänger geht es darum, das Produkt – gesteuert oder angeleitet durch den Code – mit dem eigenen Wissen, dem eigenen Erfahrungsraum abzugleichen. Das Resultat der Deutung kann bei dem gleichen Produkt sehr unterschiedlich sein (Hall).[74]

Die Grenzen zwischen Verstehen, anders Verstehen und Missverstehen sind fließend.

Vieldeutigkeit

Medienprodukte sind häufig vieldeutig. Den gleichen Kinofilm etwa kann man entweder naiv als eine Actionstory oder, bei entsprechender Medienerfahrung, als eine ironische Genrereflexion sehen.

Vieldeutigkeit ist nicht ein Defekt, sondern eine besondere Qualität: Sie eröffnet z. B. die Möglichkeit, dass ein einzelnes Produkt sehr unterschiedliche Publika adressieren und sehr unterschiedliche Bedürfnisse erfüllen kann. Dies ist gerade für das Funktionieren der Massenmedien zentral.

Gleichzeitig ist die Vieldeutigkeit immer begrenzt. Ein Produkt, das *alles* bedeuten könnte, würde gar nichts bedeuten.

Medien und Codes

In welchem Verhältnis stehen nun Medien und Codes?

Die Antwort hängt selbstverständlich vor allem von der Mediendefinition ab.

Einer auf die Technik zentrierten Mediendefinition müssen alle semiotischen Fragen letztlich dunkel bleiben. (Wie übrigens einer traditionellen Semiotik all diejenigen Fragen, die mit der Technik der Medien, ihrer faktischen Leistung räumlich-zeitlicher Übertragung, den Medien*praxen*, den faktisch ergangenen Diskursen usw. zusammenhängen.)

Wenn die hier vorgeschlagene Mediendefinition die Dimension des Symbolischen in den privilegierten Mittelpunkt stellt, dann um auszubuchstabieren, was es heißt, dass Medien *symbolische Maschinen* sind.

Medien, so könnte man sagen, bilden das Biotop, in dem Semiose (die faktische Gesamtheit der Zeichenprozesse) sich ereignet.

Zeichen außerhalb von Medien gibt es nicht, Medien ohne die Verwendung von Zeichen ebenso wenig. Eine Mediendefinition, die das Funktionieren von Zeichen und Codes nicht systematisch einbezieht, verliert ihren Gegenstand.

Semiose technisch

Und mehr noch: Die Semiose ist selbst eine gesellschaftliche Technologie.

Sie ist technisch, und in Kategorien der *Funktion* und der *Vollzüge* beschreibbar; und wo sie Blackbox ist, hat sie vielleicht auch dies mit der Hardware gemeinsam.

Hardware, Code, Botschaft

Semiose ist eine gesellschaftliche Technologie – Technik_1 im Sinne des erweiterten Technikkonzepts, wie es oben vertreten wurde.

Systematisch steht der Code zwischen Botschaft und Technik_2 (Hardware). Botschaft, Code und Technik kann man als unterschiedliche Typen von *Einschreibung* fassen.

– Einschreibung in Hardware
 (Artikulation_2)
– Einschreibung in den Code
 (Summeneffekt unendlich vieler Einzeläußerungen)
– Einschreibung in die Botschaft
 (Einzeläußerung, Artikulation_1)

Die drei Stufen unterscheiden sich: Gegen einen Code kann ich verstoßen, bei Standards, die in Hardware niedergelegt sind, ist dies wesentlich schwieriger. Einschreibung in Hardware erscheint deshalb in besonderer Weise ›monumental‹. Stabiler und schwerer zu ändern aber sind möglicherweise die Codes …

7

Medien sind unsichtbar

Mediengebrauch ist weitgehend unbewusst.

Wie selbstverständlich z. B. bewegen wir uns im Medium der Sprache: Die Sprechorgane sind Teil unseres Körpers, die schwingende Luft ist unsichtbar, das sprachliche System ist als solches nicht zugänglich. Im Kino steht der Projektor im Rücken des Publikums. Auch die Funktionsweise von Presseagenturen bleibt uns weitgehend verborgen. Es bedarf einer fast künstlichen Abstandnahme, um die Medien selbst in den Blick zu nehmen.

Vollständig unbewusst allerdings sind die Medien nie, mediale Prozesse verweisen immer auch auf sich selbst und legen Teile ihres Funktionierens offen.

Ohne Medien wüssten wir nichts über die Medien.

unbewusster Charakter

Transparenz

In der Theorie hat man die Frage unter dem Begriff der ›Transparenz‹ bzw. der Transparenzillusion diskutiert (Comolli, Baudry, Metz).[75]

Medien bemühen sich häufig so zu erscheinen, als seien sie gar nicht da.

Unmittelbarkeit

Und mehr noch: Man kann sagen, dass der Wunsch nach ›Unmittelbarkeit‹, nach unverstellter, ›direkter‹, umfassender Kommunikation, dem intuitiven Teilen von Gedanken und Gefühlen, die Mediengeschichte von Beginn an begleitet.

Der Wunsch nach Unmittelbarkeit *negiert den Vermittler*. Medien sind ebenso undurchsichtig/opak wie transparent.

Subjektkonstitution

Mediengebrauch wird in extremer Weise habitualisiert.

Wir werden in Sprache und Medien hineinsozialisiert. Indem symbolische Strukturen unser Inneres strukturieren, werden sie Teil unserer selbst; es gibt kein Ich, das von diesen Strukturen zu unterscheiden wäre.

Oder umgedreht: Aus der Sicht der Medien ist der Einzelne eine Filiale; Kreuzungspunkt im Netz der Diskurse und Zwischenspeicher für einen bestimmten Zwischenstand von Kultur.

Medien negieren

Medien kann man nicht abschütteln und nicht negieren.

Wenn Medien unbewusst sind, so vor allem, weil sie uns vollständig umgeben. Es gibt keinen Punkt, von dem aus die Gesamtlandschaft der Medien zu überblicken wäre. Die Medien ähneln auch hierin der Ökonomie oder der Gesellschaft.

Dies vor allem macht auch die theoretische Abstandnahme schwierig. Allenfalls einzelne Medien kann man negieren.

unbewusste Gehalte

Auch was die Inhaltsseite angeht, sind Medien keineswegs darauf beschränkt, luzide ›Informationen‹ zu transportieren. Alle Medien – und insbesondere Bildmedien, Film und Musik – sprechen auch solche Schichten an, die den Rezipienten nicht bewusst sind.

Subtext

Was Medien unter der Oberfläche transportieren, wird häufig Subtext genannt.

Medien appellieren an Intuition und Gefühl, Interesse, Motivation und Triebstruktur, an Ängste und Hoffnungen. In manchen Fällen ist die Wirkung kalt kalkuliert, meist aber wird die unbewusste Struktur von Produzenten und Rezipienten *geteilt*.

Die Theorie hat die Aufgabe, Teile dieser Tiefenmechanismen dem Bewusstsein wieder zugänglich zu machen.

Bestimmte Gehalte werden auf der Oberfläche der Produkte nicht geduldet. Sie unterliegen gesellschaftlichen Tabus. Von der Sexszene, die nicht gezeigt wird, schwenkt die Kamera aufs Kaminfeuer.

So hat die Mediengeschichte eine breite Palette *indirekter Weisen der Darstellung* entwickelt. Andere Gehalte, haben Assmann/Assmann gesagt, würden wie in einer Krypta eingeschlossen (und unterhalb der Oberfläche dennoch über lange gesellschaftliche Perioden tradiert).[76]

Praxis

Dass Medien ›unbewusst‹ sind, gilt auch und gerade auch für die Medien-Macher; sie stecken zwar drin im Betrieb und wissen alles, was man für die Produktion wissen muss; exakt dies aber ist Teil des Problems: Denn man kann auch ohne theoretischen Zugang gute Fotos, gute Fernsehfilme oder gute Software machen.

Dies hängt mit der handwerklich-praktischen Seite der Medien zusammen. Selbst große Produktionserfahrung, Fachwissen, ästhetische Kompetenz und ein ausgefeilter Geschmack setzen keineswegs theoretische Kriterien voraus.

Zudem wird gerade von den Machern in den Massenmedien verlangt, dass sie sich am gesunden Menschenverstand orientieren. Im schlimmsten Fall sind hiermit – I'm sorry – eine gewisse Biederkeit oder aber Zynismus verbunden. Und manchmal ein anti-intellektueller Affekt, der, was ins Format 1:30 nicht reinpasst, als kompliziert, luxuriös oder überflüssig zurückweist.

Medien*theorie* kann deshalb zu sehr anderen Ergebnissen als die Praktiker kommen. Sie kann Dinge sagen, die die Praktiker als absurd zurückweisen würden, und die dennoch interessant und vorwärtsweisend sind.

Gefühl und Verstand

Die Medien durchzieht eine Grenze, die die Frage nach dem ›Unbewussten‹ unmittelbar betrifft: Manche Medien werden dem hellwachen Verstand und andere eher Affekt und Gefühl zugeordnet.

Hiermit ist eine deutliche Hierarchisierung verbunden: Schrift und Computer erscheinen als Hort der Ratio; Film, Fernsehen und (Pop-) Musik scheinen vom Affekt immer schon kontaminiert. Zudem hat die Unterscheidung eine Geschlechterkonnotation, da das Klischee den Verstand männlich und die Gefühlssphäre weiblich kodiert:

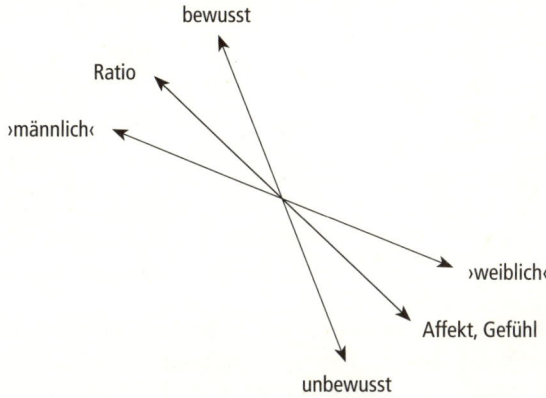

Die Polarität selbst ist Klischee, und medientheoretisch ist sie wenig brauchbar. Sie verdeckt, dass Computer ihre affektive Seite und Fotografie, Film und Fernsehen selbstverständlich auch Erkenntnisfunktion haben; sie erschließen die Welt auf eine andere Weise. Die Bildmedien haben die Besonderheit, dass sie einen Kompromiss zwischen Affekt und Verstand suchen; sie versuchen ein Herausdrängen des Affekts aus den Denkvorgängen gezielt zu verhindern.[77]

Richtig ist wahrscheinlich, dass die konstituierten Zeichensysteme (Schrift, Computer) eine ihrer Pointen im *Zurückdrängen*, Neutralisieren und Unschädlichmachen der Affekte haben.

Unterhaltung

Ähnlich funktioniert die Unterscheidung von Information und Unterhaltung.

Weil man weiß, dass ›Information‹ nicht alle Medien gleich gut beschreibt, weicht man darauf aus, die anderen Medien unter den Begriff der ›Unterhaltung‹ zu bringen.

›Information‹ (leaning forward), ›Arbeit‹		Schrift	Typewriter	Computer
↑	begriffliche Sprache			
↓	Narration	E-Musik, Literatur		
›Unterhaltung‹, (leaning back), ›Freizeit‹		Volksmusik	Film	Fernsehen, U-Musik
	Mediengeschichte →			

Auch diese Trennung ist bestreitbar. Sicher werden Film und Fernsehen eher im Modus der Entspannung konsumiert, das aber heißt keineswegs, dass sie nur oder primär ›Unterhaltungs‹-Funktion haben.

Zudem spiegelt die Trennung das klassisch-bürgerliche Kulturmodell, das zwischen Arbeit und Freizeit strikt unterscheidet und dazu neigt, die Kultur insgesamt auf die Freizeit zu verweisen.

Progression, Regression

Die Spaltung in ›Information‹ und ›Unterhaltung‹ lässt sich näher klären, wenn man die psychoanalytische Trennung von Progression und Regression mit heranzieht.

Wie der Engel aus dem Paradies, vertreibt uns die Erziehung aus den Paradiesen der Kindheit. Sie zwingt uns dazu, den Status passiven Versorgtseins zu verlassen und die Dinge selbst in die Hand zu nehmen, Subjekt und handlungsfähig zu werden. Jeden Morgen müssen wir uns aufraffen und zur Arbeit gehen – all dies nennt die Psychoanalyse, durchaus kritisch, ›Progression‹.

›Regression‹ ist entsprechend der Weg ›zurück‹; oder die Sehnsucht danach, zu den verlorenen Paradiesen zurückzukehren. Regression ist normalerweise mit Bedrohungen konnotiert: der Drohung, in der Realität nicht bestehen zu können, oder – zivilisationsgeschichtlich – dem ›Rückfall in Barbarei‹. Nur wenige Theoretiker haben versucht, einen positiv-utopischen Begriff der Regression zu fassen (Marcuse).[78]

Im Fall der Medien hat man ebenfalls Progression und Regression unterschieden. Film und Fernsehen gelten als ›regressiv‹. Alles hängt insofern davon ab, ob man Regression mit dem verlorenen Paradies oder der Barbarei konnotiert …

Lust

Sicher ist: Medien haben es – zumindest immer auch – mit den *Lüsten* zu tun.

Man kann gegen Werbung begründete Einwände haben – ›rein visuell‹ (?) ist sie häufig ein Augenschmaus; das Kino füttert den Sehsinn, die Popmusik kitzelt die Ohren oder fährt ins Gebein.

Dass die Medien gezielt den Pakt mit den Lüsten suchen, ist für viele Medienkritiker ein besonders unheimlicher Punkt.[79]

Unbewusstes und Zeichensystem

Im Zentrum des medial Unbewussten steht der Code; und dieser reicht als System unbewusster Voreinstellungen bis in die Tiefenschichten des Affektiven hinein.

Die Gründe, warum er sich der Wahrnehmung auf spezifische Weise entzieht, wurden genannt.

Wenn das Zeichensystem die Welt rastert, so auf eine Weise, die dem Bewusstsein nicht oder kaum zugänglich ist. Als System impliziter Annahmen und Selbstverständlichkeiten wird der Code erst dann deutlich, wenn er auf abweichende Annahmen und Selbstverständlichkeiten trifft.

Strukturbildung, Verdichtung

Medien sind Maschinen der Strukturbildung und Verdichtung – dies ist der Kern des Medialen und zentral für die hier vorgeführte Mediendefinition.

Der Zusammenhang zwischen Wiederholung, Schemabildung, Differenzierung und Zeichenabstraktion macht deutlich, dass Medien nicht Einzeläußerungen nur verteilen, sondern eine übergreifende *Strukturbildung* leisten. Muster ist das System der Sprache, das im Sprechen (in der Gesamtheit der tatsächlich gemachten Äußerungen) entsteht.

Parallel wären die *Codes* der anderen Medien, die mediale *Technik* und die Herausbildung der materiellen Medien-*Netze* als ein Effekt der Strukturbildung zu begreifen.

Der Mechanismus der Strukturbildung beschreibt den Umschlag zwischen Einzeläußerung und Code, Zeichengebrauch und Zeichen-*System*.

Medien sind gesellschaftliche **Maschinen der Semiose.**

Im Mittelpunkt der Mediendefinition steht der Zeichenprozess; nur dieser unterscheidet die Medien von anderen gesellschaftlichen Institutionen.

Medien stellen den **technisch-organisatorischen Rahmen für die gesellschaftlichen Zeichenprozesse.** Medien sind immer technische Medien; Technik umfasst Akte/Praxen und materielle Niederlegungen (Texte/Infrastrukturen/Hardware).

Medien grenzen den Raum ab, der symbolisches von tatsächlichem Handeln unterscheidet. **Symbolisches Handeln ist** – in Gegensatz zu tatsächlichem Handeln – **reversibel** (Probehandeln).

Zeichen sind auf spezifische Weise reflexiv. Sie haben **Verweischarakter,** sie bezeichnen etwas, was sie selbst nicht sind.

Medien konstituieren sich in **Akten der Übertragung** (Raum) **und der Speicherung/Tradierung** (Zeit).

Zeichen sind das Resultat von **Konventionalisierungsprozessen.** Zeichen sind nicht gegeben, sie gewinnen ihre Identität, ihre Grenzen und ihre Bedeutung in Millionen von Gebrauchs- und Übertragungsakten.

Die Einzelmedien unterscheiden sich wesentlich durch die **Art ihrer Zeichen,** ihre **Zeichenanordnung** sowie die **Zeichenoperationen,** die sie erlauben.

Die Einzelmedien und Zeichensysteme unterscheiden sich wesentlich durch das **Maß ihrer Konventionalisierung/Verhärtung.** Den stabil konstituierten Zeichen der Sprache, der Schrift und der Formalsprachen stehen die ›weichen‹ Konventionalisierungsprozesse der Bildmedien gegenüber. Unterschiede in der Funktionsweise sind der Grund, dass es überhaupt verschiedene Medien gibt.

Medien sind Maschinen der **Strukturgenerierung.** Sie verdichten und hierarchisieren Diskurse; Medien sind Maschinen zur Generierung von **Signifikanz.**

Medien sind Korrelat, Mittel und Voraussetzung des Bewusstseins (für einen reflexiven Welt- und Selbstbezug); gleichzeitig bleibt ihr Funktionieren in weiten Teilen habitualisiert und **unbewusst.**

Anmerkungen

1 McLuhan, Marshall: Die magischen Kanäle. ›Understanding Media‹. Düsseldorf/Wien 1968, S. 13 ff. (OA., am.: 1964).

2 »Kommunikation [muss] als ein soziales Phänomen, nicht als eine private Abwicklung zwischen Individuen verstanden werden. Bedeutung hat eine Sprache für ein Individuum nur in dem Maße, wie diese Bedeutung von der ganzen Gemeinschaft geteilt wird«. (Havelock, Eric A.: Als die Muse schreiben lernte. Frankfurt 1992 (Erg. H. W.) (OA., am.: 1986)).

3 »Never ›passive‹, the spectator, works« (Comolli, Jean-Louis: Machines of the Visible. In: Lauretis Teresa de; Heath, Stephen (Hg.): The Cinematic Apparatus. London 1980, S. 121–143, hier S. 140).

Dass es sich bei der Rezeption um einen aktiven Prozess handelt, haben insbesondere die Cultural Studies immer wieder betont (siehe z. B.: Hall, Stuart: Encoding, Decoding. In: During, Simon (Hg.): The Cultural Studies Reader. New York/London 1993, S. 90–103 (OA.: 1980)).

4 Siehe z. B.: Simmel, Georg: Über sociale Differenzierung. In: Ges.-Ausg. Bd. 02, Aufsätze 1887–1890. Frankfurt am Main 1989 (OA.: 1890); Volltext: www.digbib.org/Georg_Simmel_1858/Ueber_sociale_Differenzierung; sowie

Durkheim, Emile: Über soziale Arbeitsteilung. Studie über die Organisation höherer Gesellschaften. Frankfurt am Main 1992 (OA., frz.: 1893).

Zentral ist der Begriff der gesellschaftlichen Differenzierung auch bei Luhmann; siehe z. B. Luhmann, Niklas: Interaktion, Organisation, Gesellschaft. In: ders.: Soziologische Aufklärung 2. Opladen 1991, S. 13 ff. (OA.: 1975); sowie ders. (Hg.): Soziale Differenzierung. Zur Geschichte einer Idee. Opladen 1985.

5 Marx, Karl; Engels, Friedrich: Die deutsche Ideologie. MEW Bd. 3, S. 73 (OA.: 1846).

6 »›Lerne zu schreiben, damit du dich aller schweren Arbeit entziehen kannst‹, schreibt ein Ägypter aus der Zeit des Neuen Königreichs. ›Der Schreiber ist von der Handarbeit entbunden; er ist derjenige, der die Befehle und Anordnungen gibt.‹« (Goody, Jack; Watt, Ian: Konsequenzen der Literalität. In: dies.; Gough, Kathleen: Entstehung und Folgen der Schriftkultur. Frankfurt am Main 1991, S. 77 (OA., am.: 1968]).

7 Link übernimmt diesen Begriff von Pêcheux und arbeitet ihn um; siehe: Link, Jürgen: Literaturwissenschaftliche Grundbegriffe. München 1974; ders.: Noch einmal: Diskurs, Interdiskurs, Macht. In: Kulturrevolution, Nr. 11, 1986, S. 4–7; ders.: Dispositiv und Interdiskurs. Mit Überlegungen zum ›Dreieck‹ Foucault – Bourdieu – Luhmann. In: Kammler, Clemens; Parr, Rolf (Hg.): Foucault in den Kulturwissenschaften. Eine Bestandsaufnahme. Heidelberg 2006.

Erhellend ist auch ein Interview, das Rainer Diaz-Bone mit Link geführt hat: Operative Anschlüsse: Zur Entstehung der foucaultschen Diskursanalyse in der Bundesrepublik. Jürgen Link im Gespräch mit Rainer Diaz-Bone. Forum qualitative Sozialforschung. Vol. 7, Nr. 3, Mai 2006.

http://www.qualitative-research.net/fqs-texte/3-06/06-3-20-d.htm.

8 Innis, Harold: Das Problem des Raumes. In: ders.: Kreuzwege der Kommunikation. Ausgewählte Texte. Wien/NY 1997, S. 147–181 (Auszug aus: ders.: The Bias of Communication. Toronto/Buffalo/London 2006 (OA.: 1951)). Siehe auch: ders.: Empire and Communications. Oxford 1950.

9 Siehe z. B.: Kiefer, Marie Luise: Medienökonomik. Einführung in eine ökonomische Theorie der Medien. München 2005.

10 Link, Jürgen: Versuch über den Normalismus. Wie Normalität produziert wird. Opladen 1997.

11 Habermas, Jürgen: Theorie des kommunikativen Handelns. Frankfurt am Main 1985 (OA.: 1981), siehe insbes. Bd. 1., S. 141 ff., 369–452.

12 Eine Bestimmung des Medialen über das Probehandeln ließe sich z. B. mit Goffman stützen (Goffman, Ervin: Rahmen-Analyse. Ein Versuch über die Organisation von Alltagserfahrungen. Frankfurt am Main 1977, S. 52 ff., 60, 72 (OA., am.: 1974)).

Ein zweiter wichtiger Bezug ist Huizinga (H., Johan: Homo Ludens. Vom Ursprung der Kultur im Spiel. Hamburg 1956, S. 14 ff. (OA., nl.: 1938)).

Siehe auch: Krämer, Sybille: Die Welt – Ein Spiel? Über die Spielbewegung als Umkehrbarkeit. In: Deutsches Hygiene Museum (Hg.): Spielen. Zwischen Rausch und Regel. Ostfildern-Ruit 2005, S. 11–19.

13 Ogden, Charles K.; Richards, I. A.: Die Bedeutung der Bedeutung. Frankfurt am Main 1974, S. 18 (OA., am.: 1923).

Siehe auch: Lyons, John: Semantik. Bd. I, München 1980, S. 108 ff.

14 Goffman, Ervin: Rahmen-Analyse. Ein Versuch über die Organisation von Alltagserfahrungen. Frankfurt am Main 1977, S. 52 ff. (OA., am.: 1974).

15 Flusser, Vilém: Ins Universum der technischen Bilder. Göttingen 1985, S. 10.

16 »Wir alle und auch ich sind während mehrerer Jahre der grundsätzlich irrigen Meinung gewesen, etwas nur dann als Technik anzusehen, wenn es ein Instrument dazu gab. Man hatte zu den älteren Vorstellungen zurückzukehren, zu den Ausführungen Platons über die Technik, da Platon von einer Technik der Musik und insbesondere des Tanzes sprach, und diese Vorstellung zu erweitern.« (Mauss, Marcel: Die Techniken des Körpers. In: ders.: Soziologie und Anthropologie. Bd. 2, Frankfurt am Main 1975, S. 197–220, hier: S. 205 (OA., frz.: 1935)).

17 Krämer, Sybille; Bredekamp, Horst: Kultur, Technik, Kulturtechnik. Wider die Diskursivierung der Kultur. In: dies. (Hg.): Bild – Schrift – Zahl. München 2003, S. 11–22.

Siegert, Bernhard: Was sind Kulturtechniken? Beschreibung des Lehr- und Fachgebietes. www.uni-weimar.de/medien/kulturtechniken/kultek.html, abgefragt am 4. 2. 07.

Macho, Thomas: Zeit und Zahl. Kalender- und Zeitrechnung als Kulturtechniken. In: Krämer/Bredekamp (Hg.), Bild – Schrift – Zahl, a. a. O., S. 179–192.

»Der Begriff der Kulturtechniken meint keineswegs alle Techniken, die in einer Kultur praktiziert werden. Doch wie unterscheidet man solche Techniken, die es einer Kultur erlauben, Begriffe von sich selbst zu entwickeln – also Kulturtechniken im engeren Sinne – von Techniken wie Ackerbau, Ernährung, Vorratshaltung, Ökonomie und Sport? Kulturtechniken unterscheiden sich von allen anderen Techniken durch ihren potentiellen Selbstbezug. [...] [Kulturtechniken] verrichten symbolische Arbeit«. (Kassung, Christian; Macho, Thomas: unveröff. Manuskript. Zit. nach: Schüttpelz, Erhard: Die medienanthropologische Kehre der Kulturtechniken. In: Engell, Lorenz; Vogl, Joseph; Siegert, Bernhard (Hg.), Kulturgeschichte als Mediengeschichte (oder vice versa?). Weimar 2006, S. 88).

»Kulturtechniken sind (1) operative Verfahren zum Umgang mit Dingen und Symbolen, welche (2) auf einer Dissoziierung des impliziten ›Wissens wie‹ vom expliziten ›Wissen dass‹ beruhen, somit (3) als ein körperlich habitualisiertes und routinisiertes Können aufzufassen sind, das in alltäglichen, fluiden Praktiken wirksam wird, zugleich (4) aber auch die aisthetische, material-technische Basis wissenschaftlicher Innovationen und neuartiger theoretischer Gegenstände abgeben kann. Die (5) mit dem Wandel von Kulturtechniken verbundenen Medieninnovationen sind situiert in einem Wechselverhältnis von Schrift, Bild, Ton und Zahl, das (6) neue Spielräume für Wahrnehmung, Kommunikation und Kognition eröffnet. Spielräume, (7) die in Erscheinung treten, wo die Ränder von Disziplinen durchlässig werden und den Blick freigeben auf Phänomene und Sachverhalte, deren Profil mit den Grenzen von Fachwissenschaften gerade nicht zusammenfällt.« (Krämer/Bredekamp, Kultur, Technik, a. a. O., S. 18)

»Charakterisiert werden kann der methodische Ansatz auf dem Gebiet der Kulturtechniken durch die Betonung des *Praxis*-Aspekts in der medienhistorischen Analyse: Medien werden dann als Kulturtechniken beschreibbar, wenn die Praktiken rekonstruiert werden, in die sie eingebunden sind, die sie konfigurieren oder die sie konstitutiv hervorbringen.« (Siegert, Was sind Kulturtechniken, a. a. O. (Hervorh. im Original))

18 Siehe z. B.: Ropohl, Günther: Eine Systemtheorie der Technik. Zur Grundlegung der Allgemeinen Technologie. München/Wien 1979.

19 Im antiken Mythos ist es Prometheus, der den Menschen das Feuer (und damit die Technik) bringt; dies geschieht gegen den Willen des Zeus, wofür Prometheus schrecklich büßt.

Goethes Ballade [1797] ist bekannt: Der Zauberlehrling verwandelt einen Besen in einen willfährigen Knecht, der ihm Wasser schleppt; doch schon nach kurzer Zeit verliert er die Kontrolle, der Knecht wird autonom und setzt sich gegen seinen Schöpfer durch ...

20 McLuhan, Marshall: Die magischen Kanäle. ›Understanding Media‹. Düsseldorf/Wien 1968, S. 9, 28, 50–57 (OA., am.: 1964).

McLuhan übernimmt die These direkt oder indirekt von Kapp, der die These der Organprojektion bereits 1877 entfaltet und den elektrischen Telegraphen als Verlängerung des Nervensystems zu fassen versucht (Kapp, Ernst: Grundlinien einer Philosophie der Technik. Düsseldorf 1978 (OA.: 1877)).

Eine fundierte Kritik der Organprojektionsthese liefert Tholen

(Th., Georg Christoph: Platzverweis. Unmögliche Zwischenspiele zwischen Mensch und Maschine. In: Bolz, Norbert; Kittler, Friedrich; Tholen, Christoph (Hg.): Computer als Medium. München 1994, S. 111–135).

21 Williams, Raymond: The Technology and the Society. In: Bennett, Tony (Hg.): Popular Fiction. London/NY 1990, S. 8–22; siehe insb. S. 12.

Ich selbst habe diese Vorstellung an verschiedenen Stellen entfaltet: W., H.: Diskursökonomie. Versuch über die innere Ökonomie der Medien. Frankfurt am Main 2004, S. 110–130.

22 Derrida, Jacques: Grammatologie. Frankfurt am Main 1983, S. 21 (OA., frz.: 1967).

Kittler, Friedrich: Aufschreibesysteme 1800/1900. München 1985.

Zur Schwierigkeit, Inhalte, die in Technik eingeschrieben wurden, zurückzugewinnen, beispielhaft: Kittler, Friedrich: Protected Mode. In: Bolz, Norbert; Kittler, Friedrich; Tholen, Christoph (Hg.): Computer als Medium. München 1994, S. 209–220.

23 Foucault, Michel: Der Wille zum Wissen. Sexualität und Wahrheit 1. Frankfurt am Main 1983, S. 95 ff., 105 ff. (OA., frz.: 1976).

Baudry, Jean-Louis: Das Dispositiv: Metapsychologische Betrachtungen des Realitätseindrucks. In: Pias, Claus u. a. (Hg.): Kursbuch Medienkultur. Die maßgeblichen Theorien von Brecht bis Baudrillard. Stuttgart 1999, S. 381–404 (OA., frz.: 1975).

Deleuze, Gilles: Was ist ein Dispositiv? In: Ewald, François; Waldenfels, Bernhard (Hg.): Spiele der Wahrheit. Michel Foucaults Denken. Frankfurt am Main 1991, S. 153–162 (OA., frz.: 1989).

24 Den operativen Aspekt der Medien hat insbesondere Krämer immer wieder betont: »Operative Schriften sind graphische Symbolsysteme mit einer doppelten Funktion: Sie sind ein Medium zur isomorphen Repräsentation eines gewissen Bereiches von Gegenständen und zugleich ein Werkzeug zum (symbolischen) Operieren mit diesen Gegenständen.« »Zahl […] wird zu etwas […], mit dem regelgeleitet *verfahren* werden kann.« (Krämer, Sybille: Kalküle als Repräsentation. Zur Genese des operativen Symbolismus in der Neuzeit. In: Rheinberger, Hans-Jörg u. a. (Hg.): Räume des Wissens. Repräsentation, Codierung, Spur. Berlin 1997, S. 111–122, hier: S. 111, 116.)

Siehe auch: Krämer, Sybille: Symbolische Maschinen. Die Idee der

Formalisierung in geschichtlichem Abriss. Darmstadt 1988, S. 1 ff., 176 ff.; dies.: Operative Schriften als Geistestechnik. Zur Vorgeschichte der Informatik. In: Schefe, Peter; Hastedt, Heiner; Dittrich, Yvonne (Hg.): Informatik und Philosophie. Mannheim 1993, S. 69–84; dies.: Operationsraum Schrift. Ein Perspektivenwechsel im Schriftverständnis. In: Grube, Gernot u. a. (Hg.): Schrift. Kulturtechnik zwischen Auge, Hand und Maschine, München 2005, S. 13–32; dies.: Zur Sichtbarkeit der Schrift oder: Die Visualisierung des Unsichtbaren in der operativen Schrift. Zehn Thesen. In: Strätling, Susanne; Witte, Georg (Hg.): Die Sichtbarkeit der Schrift. München 2005, S. 75–84.

Die Bedeutung der Zählsteine (Tokens) entdeckte Schmandt-Besserat (Schm.-B., Denise: Before Writing. Vol. 1: From Counting to Cuneiform. Austin 1992).

25 »[…] Es geht mithin um Medientechnologien, um Übertragung, Speicherung, Verarbeitung von Information«. (Kittler, Friedrich: Vorwort. In: Draculas Vermächtnis. Technische Schriften. Leipzig 1993, S. 8)

26 Vgl.: Hickethier, Knut: Einführung in die Medienwissenschaft. Stuttgart 2003, S. 21.

27 Shannon, Claude E.; Weaver, Warren: Mathematische Grundlagen der Informationstheorie. Wien 1976 (OA., am.: 1949).

28 »Es geht um den Begriff des Informierens. Er meint, Formen auf Stoffe drücken. Dies wird seit der Industrierevolution sehr deutlich. Ein Stahlwerkzeug in einer Presse ist eine Form, und sie informiert den an ihr vorbeifließenden Glas- oder Plastikstrom zu Flaschen oder Aschenbechern.« (Flusser, Vilém: Form und Material. In: Arch+, Nr. 111, März 1992, S. 66–67, hier S. 67)

29 Siegert, Bernhard: Relais. Geschicke der Literatur als Epoche der Post 1751–1913. Berlin 1993, S. 119 ff.

30 »Denn jedes Medium hat die Macht, seine eigenen Postulate dem Ahnungslosen aufzuzwingen.« »Jede Form von Transport befördert nicht nur, sondern […] verändert den Absender, den Empfänger und die Botschaft.« (McLuhan, Marshall: Die magischen Kanäle. ›Understanding Media‹. Düsseldorf/Wien 1968, S. 21, 99 (OA., am.: 1964))

31 Böhme, Hartmut: Das Büro als Welt – Die Welt im Büro. In: Lachmayer, Herbert; Louis, Eleonora (Hg.): Work & Culture. Büro. Inszenierung von Arbeit. Klagenfurt 1998, S. 95–103.

32 Exponierte Vertreter der Realismusthese im Feld der Foto- und der Filmtheorie sind. z. B.: Bazin, André: Ontologie des fotografischen Bildes. In: ders.: Was ist Kino? Bausteine zur Theorie des Films. Köln 1975 (OA., frz.: 1945); Kracauer, Siegfried: Theorie des Films. Die Errettung der äußeren Wirklichkeit. Schriften, Bd. 3, Frankfurt am Main 1979 (OA., am.: 1960).

33 »Jedes einzelne Kommunikationsmittel spielt eine bedeutende Rolle bei der Verteilung von Wissen in Zeit und Raum, und es ist notwendig, sich mit seinen Charakteristiken auseinanderzusetzen, will man seinen Einfluss auf den jeweiligen kulturellen Schauplatz richtig beurteilen.« (Innis, Harold: Tendenzen der Kommunikation. (The Bias of Communication, 1949) In: Barck, Karlheinz (Hg.): Harold A. Innis – Kreuzwege der Kommunikation. Ausgewählte Texte. Wien/NY 1997, S. 95).

Theoriegeschichtlich ist die Überlegung wesentlich älter; bereits in der Debatte um die Telegraphie – z. B. bei Knies (1857!) – wurde die Überwindung von Raum und Zeit diskutiert: »Die natürlichen Schranken und Hemmnisse des Verkehrs liegen in Widerständen, die wir mit den Worten: *Zeit* und *Raum* zusammenfassen können [...] Jeder wahre Fortschritt in dem Transportwesen ist darum immer zugleich ein gelungener Act des dem Menschen innewohnenden rastlosen Strebens die Schranken seiner endlichen Natur zu mindern, Zeit und Raum zu überwinden, in denen er leben muss. [...] Bei der Natur jener Widerstände [...] ist es von durchgreifender Bedeutung, dass *den Personen und Sachgütern als Körpern Schwere innewohnt nicht aber den Nachrichten als solchen.*« (Knies, Karl: Der Telegraph als Verkehrsmittel. Über den Nachrichtenverkehr überhaupt. München 1996, S. 4, 6 (Hervorh. im Original) (OA.: 1857)).

34 »Je nach seinen Eigenschaften kann solch ein Medium sich entweder besser für die zeitliche als für die räumliche Wissensverbreitung eignen, besonders wenn es schwer, dauerhaft und schlecht zu transportieren ist, oder aber umgekehrt eher für die räumliche als für die zeitliche Wissensverbreitung taugen, besonders wenn es leicht und gut zu transportieren ist. An seiner relativen Betonung von Zeit und Raum zeigt sich deutlich seine Ausrichtung auf die Kultur, in die es eingebettet ist.« (Innis, Harold: Tendenzen der Kommunikation. (The Bias of Communication, 1949). In: Barck, Karlheinz (Hg.): Harold A. Innis – Kreuzwege der Kommunikation. Ausgewählte Texte. Wien/NY 1997, S. 95)

35 Noch einmal die schon zitierte Stelle: »[...] Es geht mithin um Medientechnologien, um Übertragung, Speicherung, Verarbeitung von Information«. (Kittler, Friedrich: Vorwort. In: Draculas Vermächtnis. Technische Schriften. Leipzig 1993, S. 8)

36 Bühler, Karl: Sprachtheorie. Die Darstellungsfunktion der Sprache. Jena 1934, S. 28.

37 Shannon, Claude E.; Weaver, Warren: Mathematische Grundlagen der Informationstheorie. Wien 1976, S. 16 (OA., am.: 1949).

38 Maletzke, Gerhard: Psychologie der Massenkommunikation. Hamburg 1963, S. 41.

39 Siegert, Bernhard: Relais. Geschicke der Literatur als Epoche der Post 1751–1913. Berlin 1993.

Andriopoulos, Stefan; Schabacher, Gabriele; Schumacher, Eckhard (Hg.): Die Adresse des Mediums. Köln 2001.

40 Althusser, Louis: Ideologie und ideologische Staatsapparate. Hamburg/Berlin 1977, S. 140, 142 (OA., frz.: 1976).

Bühler, Karl: Sprachtheorie. Die Darstellungsfunktion der Sprache. Jena 1934, S. 28.

41 Anders, Günther: Die Antiquiertheit des Menschen. Bd. 1, München 1988, S. 22 ff. (OA.: 1956).

42 »Elektrisch zusammengezogen ist die Welt nur mehr ein Dorf.« (McLuhan, Marshall: Die magischen Kanäle. ›Understanding Media‹. Düsseldorf/Wien 1968, S. 10 f. (OA., am.: 1964))

43 Assmann, Aleida: Zur Metaphorik der Erinnerung. In: dies.; Harth, Dietrich (Hg.): Mnemosyne. Formen und Funktionen der kulturellen Erinnerung. Frankfurt am Main 1991.

44 Assmann, Jan: Stein und Zeit. Das ›monumentale‹ Gedächtnis der altägyptischen Kultur. In: ders.; Hölscher, Tonio (Hg.): Kultur und Gedächtnis. Frankfurt am Main 1988, S. 87–114; sowie

ders.: Stein und Zeit. Mensch und Gesellschaft im alten Ägypten. München 1991.

45 Kittler, Friedrich: Aufschreibesysteme 1800/1900. München 1985.

46 Vgl.: Keil-Slawik, Reinhard: Technik als Denkzeug. Lerngewebe und Bildungsinfrastrukturen. In: ders.; Kerres, M. (Hg.): Wirkungen und Wirksamkeit neuer Medien in der Bildung. Münster 2003, S. 13–29.

In der allgemeinen Techniktheorie ist diese Gegenüberpositionierung Thema etwa bei Gehlen: »Objektivation der Arbeit [...]. Der

Mensch ist […] ein auf die Handlung, auf die Veränderung der Außenwelttatsachen hin angelegtes Wesen. Der Handlungskreis, nämlich die plastische, gesteuerte, am rückempfundenen Erfolg oder Misserfolg korrigierte und schließlich gewohnheitsmäßig automatisierte Bewegung gehört zu seinen wesenbezeichnenden Eigenschaften. […] Unzurückführbar ursprünglich und weltverbreitet […] ist das […] Bedürfnis des Menschen, sich in die Natur hinein auszulegen und sich von daher wieder zurückzuverstehen.« (Gehlen, Arnold: Die Seele im technischen Zeitalter. Hamburg 1957, S. 17 f. (OA.: 1949/57))

»Das Schreiben steigert die Bewusstheit. […] Um zu leben, um voll zu verstehen, benötigen wir nicht nur Nähe, sondern auch Entfernung. Schreiben schafft diese Entfernung.« (Ong, Walter J.: Oralität und Literalität. Die Technologisierung des Wortes. Opladen 1987, S. 85 (OA., am.: 1982))

47 Krämer, Sybille: Friedrich Kittler – Kulturtechniken der Zeitachsenmanipulation. In: Lagaay, Alice; Lauer, David (Hg.): Medientheorien. Frankfurt/NY 2004, S. 201–224, hier 206 ff.

48 Metz, Christian: The Imaginary Signifier. Part IV – Metaphor/Metonymy, or the Imaginary Referent. Bloomington 1982, S. 149 ff. (OA., frz.: 1973–76). Der Text dieses vierten Teils ist ausgesprochen schwierig und für Anfänger des Fachs sicher ungeeignet.

49 »Die menschliche Rede [langage] […] begreift […] in sich sowohl ein feststehendes System als eine Entwicklung; sie ist in jedem Augenblick eine gegenwärtige Institution und ein Produkt der Vergangenheit.« »Die Sprache [langue] […] ist ein Schatz, den die Praxis des Sprechens in den Personen, die der gleichen Sprachgemeinschaft angehören, niedergelegt hat, ein grammatikalisches System, das virtuell in jedem Gehirn existiert.« (de Saussure, Ferdinand: Grundfragen der allgemeinen Sprachwissenschaft. Berlin 1967, S. 10, 16 (Erg. H. W.) (OA., frz.: 1916))

»Was uns die Zivilisationen und Völker als Monumente ihres Denkens hinterlassen, sind nicht sosehr die Texte wie die Vokabularien und Syntaxen, […] die Diskursivität ihrer Sprache. ›Die Sprache eines Volkes bildet ihr Vokabular, und ihr Vokabular ist eine ziemlich treue Bibel aller Erkenntnisse dieses Volkes.‹« (Foucault, Michel: Die Ordnung der Dinge. Frankfurt/M. 1974, S. 125 (F. zit. Diderot) (OA., frz.: 1966))

Und schließlich bei McLuhan bereits verallgemeinert auf Medien und Technik: »Der klassische Fluch des Midas, seine Fähigkeit, alles, was er berührt, in Geld zu verwandeln, ist in gewissem Maß für jedes Medium einschließlich der Sprache, charakteristisch. [...] Die ganze Technik hat den Kontaktzauber von König Midas. [...] Die Sprache wirkt wie die Währung als Wahrnehmungsspeicher und Übermittlung von Wahrnehmungen und Erfahrungen von einer Person oder Generation auf die andere.« (McLuhan, Marshall: Die magischen Kanäle. ›Understanding Media‹. Düsseldorf/Wien 1968, S. 152 (OA., am.: 1964))

50 Ernst, Wolfgang: Das Rumoren der Archive. Ordnung aus Unordnung. Berlin 2002; ders.: M.edium F.oucault. Weimar 2000.

51 Ong, Walter J.: Oralität und Literalität. Die Technologisierung des Wortes. Opladen 1987, S. 39 ff., 44 ff. (OA., am.: 1982).

52 Gumbrecht, Hans Ulrich: Rhythmus und Sinn. In: ders.; Pfeiffer, K. Ludwig (Hg.): Materialität der Kommunikation. Frankfurt am Main 1988, S. 714–729.

53 Hickethier, Knut: Einführung in die Medienwissenschaft. Stuttgart 2003, S. 146 ff.

54 Shannon, Claude E.; Weaver, Warren: Mathematische Grundlagen der Informationstheorie. Wien 1976 (OA., am.: 1949).

55 Freud, Sigmund: Notiz über den ›Wunderblock‹. In: Studienausgabe, Bd. III, Frankfurt am Main 1975, S. 363–369 (OA.: 1925).

56 Benjamin, Walter: Das Kunstwerk im Zeitalter seiner technischen Reproduzierbarkeit. In: Ges. Schriften, Bd. I/2, Frankfurt 1980, S. 471–508 (OA.: 1936–39).

57 Anwesenheit / Abwesenheit. Dass der Autor nicht anwesend ist (und nicht befragt werden kann), ist für Platon ein Makel der Schrift; entsprechend entschieden vertritt er, dass das mündliche Gespräch der Schrift immer überlegen sei (Platon: Phaidros. Sämtliche Werke Bd. 4, Hamburg 1958, S. 7–60, hier: S. 54 ff. (OA., altgriech.: 4. Jh. v. Chr.)); Derrida entwickelt eine völlig neue Perspektive, indem er vorschlägt, die gesamte Medienlandschaft von der Schrift, und nicht mehr von der Stimme her zu konstruieren. Dies hat die Medientheorie auf eine neue Grundlage gestellt (Derrida, Jacques: Grammatologie. Frankfurt am Main 1983 (OA., frz.: 1967)).

58 ›Lebendige‹ Stimme versus ›tote‹ Schrift, siehe Platon: Phaidros. Sämtliche Werke Bd. 4, Hamburg 1958, S. 7–60 (OA., altgriech.: 4. Jh. v. Chr.); Derrida, Jacques: Grammatologie. Frankfurt am Main 1983 (OA., frz.: 1967); Assmann, Aleida: Exkarnation.

Gedanken zur Grenze zwischen Körper und Schrift. In: Huber, Jörg; Müller, Alois Martin (Hg.): Raum und Verfahren. Basel/Frankfurt 1993, S. 133–155.

59 Derrida, Jacques: Signatur Ereignis Kontext. In: ders.: Randgänge der Philosophie. Wien 1988, S. 291–315 (OA., frz.: 1972); auch dieser Text ist für Anfänger kaum geeignet.

60 »Körper und Zeichen befinden sich im Kriegszustand.« (Siegert, Bernhard: Relais. Geschicke der Literatur als Epoche der Post 1751–1913. Berlin 1993, S. 22)

61 »Natural language is made up of words […]; wereas film language has no semiotic ›level‹ that would correspond to these: it is a language without a lexicon (without a vocabulary), insofar as this implies a finite list of fixed elements.« (Metz, Christian: The Imaginary Signifier. Bloomington 1982, S. 212 (OA., frz.: 1973–76)).

62 Peirce, Charles Sanders: Kurze Logik. In: ders.: Semiotische Schriften. Bd. 1, Frankfurt am Main 2000, S. 202–229, hier: S. 204 ff. (OA., am.: 1895).

»The dog in the film can bark but it cannot bite! […] Iconic signs are […] coded signs too – even if the codes here work differently from those of other signs. There is no degree zero in language.« (Hall, Stuart: Encoding, Decoding. In: During, Simon (Hg.): The Cultural Studies Reader. New York/London 1993, S. 90–103, hier S. 95 (OA.: 1980)).

63 Kittler, Friedrich: Grammophon, Film, Typewriter. Berlin 1986, S. 37 ff.

64 Polanyi, Michael: Implizites Wissen. Frankfurt am Main 1985 (OA., am.: 1966).

65 »Die Bedeutung eines Wortes bestimmt sich […] in einer Folge konkreter Situationen, […] die alle darauf zielen, seine spezifische Bedeutung und seine Nebenbedeutungen festzulegen. Dieser Prozess direkter ›semantischer Ratifizierung‹ vollzieht sich natürlich kumulativ.« (Goody, Jack; Watt, Ian: Konsequenzen der Literalität. In: dies.; Gough, Kathleen: Entstehung und Folgen der Schriftkultur. Frankfurt am Main 1991, S. 66 (OA., am.: 1968))

»This is what I shall call the paradox of the code (its defining paradox): in the final analysis the code must owe its features, and indeed its existence, to a set of symbolic operations – the code is a social *activity* – and yet it exists as a code only to the extend that it collects and organises the ›inert‹ results of these operations. […] the strange and common phenomenon of immobilised mobility, arrested transference.« (Metz, Christian: The Imaginary Signifier. Bloomington 1982, S. 157 (OA., frz.: 1973–76))

66 »Aber es kann doch sein, ja es muss im ausreichenden Maße der Fall sein, dass die Sprache (la langue) das Stadium einer amöbenhaften Plastizität von Sprechsituation zu Sprechsituation in einigem aufgibt, um auf höherem Niveau mit teilweise festgewordenem, erstarrtem Gerät dem Sprecher in neuer Hinsicht Produktivität zu gestatten.« (Bühler, Karl: Sprachtheorie. Die Darstellungsfunktion der Sprache. Jena 1934, S. 144)

67 Flusser, Vilém: Die Auswanderung der Zahlen aus dem alphanumerischen Code. In: Matejovski, Dirk; Kittler, Friedrich (Hg.): Literatur im Informationszeitalter. Frankfurt/NY 1996, S. 9–14.

68 »The cinema [...] is closer to us, in the sense that the layer of code between it and us is thinner.« (Metz, Christian: The Imaginary Signifier. Bloomington 1982, S. 161 (OA., frz.: 1973–76))

69 Metz, Christian: The Imaginary Signifier. Bloomington 1982, S. 149 ff. (OA., frz.: 1973–76).

70 Goody, Jack; Watt, Ian: Konsequenzen der Literalität. In: dies.; Gough, Kathleen: Entstehung und Folgen der Schriftkultur. Frankfurt am Main 1991, S. 64 ff., 68 (OA., am.: 1968))

71 Zur Normalisierung siehe: Link, Jürgen: Versuch über den Normalismus. Wie Normalität produziert wird. Opladen 1997.

Zur Naturalisierung: Hall, Stuart: Encoding, Decoding. In: During, Simon (Hg.): The Cultural Studies Reader. New York/London 1993, S. 90–103, hier S. 95 (OA.: 1980).

Zur Entautomatisierung: Šklovskij, Viktor: Die Kunst als Verfahren. In: Striedter, J. (Hg.): Russischer Formalismus. Texte zur allgemeinen Literaturtheorie und zur Theorie der Prosa. München 1971, S. 6–35 (OA., russ.: 1916).

72 de Saussure, Ferdinand: Grundfragen der allgemeinen Sprachwissenschaft. Berlin 1967, S. 136 ff. (OA., frz.: 1916).

73 Vgl.: Jakobson, Roman: Zwei Seiten der Sprache und zwei Typen aphatischer Störungen. In: ders.: Aufsätze zur Linguistik und Poetik. München 1974, S. 117–141, hier: S. 121 f. (OA.: 1956).

74 Hall, Stuart: Encoding, Decoding. In: During, Simon (Hg.): The Cultural Studies Reader. New York/London 1993, S. 90–103, hier S. 95 (OA.: 1980).

75 ›Transparenz‹ ist ein zentraler Begriff der sogen. ›Apparatus‹-Debatte; siehe z. B.: Comolli, Jean-Louis: Technique et idéologie. Caméra, perspective profondeur du champ. In: Cahiers du cinéma, Nr. 229, Mai 1971, S. 19 ff.

76 Assmann, Jan: Moses der Ägypter. Frankfurt am Main 2000, S. 22, 49 ff. (OA., am.: 1997).

77 Siehe z. B.: Schlüpmann, Heide: Öffentliche Intimität. Die Theorie im Kino. Frankfurt am Main 2002.

78 Marcuse, Herbert: Triebstruktur und Gesellschaft. Ein philosophischer Beitrag zu Sigmund Freud. Frankfurt am Main 1979 (OA., am.: 1955).

79 Adorno z. B., der an sich eine sehr körperlich-sinnliche Ästhetik vertritt, spricht der Populärkultur das Recht ab, die Sinne der Menschen in Anspruch zu nehmen (Horkheimer, Max; Adorno, Theodor W.: Dialektik der Aufklärung. Philosophische Fragmente. In: Ges. Schriften, Bd. 3, Frankfurt am Main 1981 (Auszug: Kulturindustrie, S. 141–191) (OA., am.: 1947)).
Hörisch sieht zwischen Sinn und Sinnlichkeit eine Spannung: »Die im Bann von Stimme und Schrift stehende frühe Mediengeschichte ist sinnzentriert, die neuere Medientechnik fokussiert hingegen unsere Aufmerksamkeit immer stärker auf die Sinne.« (Hörisch, Jochen: Der Sinn und die Sinne. Eine Geschichte der Medien. Frankfurt am Main 2001, S. 14)

Basisliteratur

Einführungen und Nachschlagewerke:

Hickethier, Knut: Einführung in die Medienwissenschaft. Stuttgart 2003.

Metzler Lexikon Literatur- und Kulturtheorie. Stuttgart/Weimar 1998.

Metzler Lexikon Medientheorie, Medienwissenschaft. Stuttgart/Weimar 2002.

Mersch, Dieter: Medientheorien. Zur Einführung. Hamburg 2006.

Leschke, Rainer: Einführung in die Medientheorie. München 2003.

Lagaay, Alice; Lauer, David (Hg.): Medientheorien. Eine philosophische Einführung. Frankfurt am Main/NY 2004.

Textsammlungen:

Pias, Claus u.a. (Hg.): Kursbuch Medienkultur. Die maßgeblichen Theorien von Brecht bis Baudrillard. Stuttgart 1999.

Helmes, Günter; Köster, Werner (Hg.): Texte zur Medientheorie. Stuttgart 2002.

Kümmel, Albert; Löffler, Petra (Hg.): Medientheorie 1888–1933. Texte und Kommentare. Frankfurt am Main 2002.

Aus der Vorgeschichte der Medientheorie:

Platon: Phaidros. In: Sämtliche Werke, Bd. IV, Hamburg 1958 (siehe insbes. S. 54–60) (OA., altgriech.: 4. Jh. v. Chr.).

Lessing, Gotthold Ephraim: Laokoon. Oder über die Grenzen der Malerei und Poesie. Stuttgart 1998 (OA.: 1766).

Herder, Johann Gottfried: Über den Ursprung der Sprache. Berlin 1959 (OA.: 1770).

Gosch, Josias Ludwig: Fragmente über den Ideenumlauf. Berlin 2006 (OA.: 1789).

Nietzsche, Friedrich: Über Wahrheit und Lüge im außermoralischen Sinn. In: Werke Bd. 5, München/Wien 1980, S. 309–322 (OA.: 1873).

Nietzsche, Friedrich: Die Geburt der Tragödie. In: Werke Bd. I, München/Wien 1980, S. 7–134 (OA.: 1872).

Hofmannsthal, Hugo von: Ein Brief. In: GW, Bd. II, Frankfurt am Main 1951, S. 7–22 (OA.: 1902).

Deutschland, 20er und 30er Jahre:

Kracauer, Siegfried: Kult der Zerstreuung. Über die Berliner Licht-spielhäuser. In: ders.: Das Ornament der Masse. Frankfurt am Main 1977, S. 311–317 (OA.: 1926).

Benjamin, Walter: Lehre vom Ähnlichen. In: Ges. Schriften., Bd. II/1, Frankfurt am Main 1980, S. 204–210 (OA.: 1933).

Benjamin, Walter: Über das mimetische Vermögen. In: Ges. Schrif-ten, Bd. II/1, Frankfurt am Main 1980, S. 210–213 (OA.: 1933).

Frankfurter Schule, 30er/40er Jahre

Benjamin, Walter: Das Kunstwerk im Zeitalter seiner technischen Reproduzierbarkeit. Zweite Fassung. In: Ges. Schriften, Bd. I/2, Frankfurt am Main 1980, S. 471–508 (OA.: 1936/39).

Horkheimer, Max; Adorno, Theodor W.: Dialektik der Aufklärung. Philosophische Fragmente. In: Ges. Schriften, Bd. 3, Frankfurt am Main 1981 (Auszug: Kulturindustrie, S. 141–191) (OA., am.: 1947).

Einweg-Medien oder Partizipation? 30er/70er

Brecht, Bertolt: Der Rundfunk als Kommunikationsapparat. Rede über die Funktion des Rundfunks. In: Werke, Große Kommentier-te Berliner und Frankfurter Ausgabe, Bd. 21, Berlin/Weimar o. J., S. 552–557 (OA.: 1932/33).

Enzensberger, Hans Magnus: Baukasten zu einer Theorie der Me-dien. In: Kursbuch, Nr. 20, März 1970, S. 156–186 (OA.: 1970).

Kanada, 50er/60er

Innis, Harold A.: Kreuzwege der Kommunikation. Ausgewählte Texte. Wien/NY 1997.

Innis, Harold A.: Empire and Communications. Lanham 2007 (OA., am.: 1950).

Innis, Harold A.: The Bias of Communication. Toronto/Buffalo/London 2006 (OA., am.: 1951).

McLuhan, Marshall: Die magischen Kanäle. ›Understanding Media‹. Düsseldorf-Wien 1968 (OA., am. 1964).

McLuhan, Marshall: Die Gutenberg-Galaxis. Das Ende des Buch-zeitalters. Düsseldorf/Wien 1968 (OA., am.: 1962).

Deutschland, 50er/60er

Anders, Günther: Die Welt als Phantom und Matrize. Philosophische Betrachtungen über Rundfunk und Fernsehen. In: ders: Die Antiquiertheit des Menschen. Über die Seele im Zeitalter der zweiten industriellen Revolution. Bd. 1, München 1988, S. 97–211 (OA.: 1956).

Kracauer, Siegfried: Theorie des Films. Die Errettung der äußeren Wirklichkeit. Schriften, Bd. 3, Frankfurt am Main 1979 (OA.: 1960).

Habermas, Jürgen: Strukturwandel der Öffentlichkeit. Untersuchungen zu einer Kategorie der bürgerlichen Gesellschaft. Darmstadt/Neuwied 1962.

Maletzke, Gerhard: Psychologie der Massenkommunikation. Theorie und Systematik. Hamburg 1963.

Deutschland, 70er:

Negt, Oskar; Kluge, Alexander: Öffentlichkeit und Erfahrung. Zur Organisationsanalyse von bürgerlicher und proletarischer Öffentlichkeit. Frankfurt am Main 1978 (OA.: 1972).

Prokop, Dieter: Faszination und Langeweile. Die populären Medien. Stuttgart 1979.

Habermas, Jürgen: Theorie des kommunikativen Handelns. Frankfurt am Main 1985 (OA.: 1981).

Luhmann, Niklas: Veränderungen im System gesellschaftlicher Kommunikation und die Massenmedien. In: Schatz, Oskar (Hg.): Die Elektronische Revolution. Wie gefährlich sind die Massenmedien? Graz/Wien/Köln 1975.

Luhmann, Niklas: Einführende Bemerkungen zu einer Theorie symbolisch generalisierter Kommunikationsmedien. In: ders.: Soziologische Aufklärung. Bd. 2, Opladen 1975.

Frankreich 60er/70er/80er:

Debord, Guy: Die Gesellschaft des Spektakels. Berlin 1996 (OA., frz.: 1967).

Derrida, Jacques: Grammatologie. Frankfurt am Main 1983 (OA., frz.: 1967).

Derrida, Jacques: Die Stimme und das Phänomen. Frankfurt am Main 1979 (OA., frz.: 1967).

Derrida, Jacques: Signatur Ereignis Kontext. In: ders.: Randgänge der Philosophie. Wien 1988 (OA., frz.: 1972).

Foucault, Michel: Die Ordnung der Dinge. Frankfurt am Main 1974 (OA., frz.: 1966).

Foucault, Michel: Archäologie des Wissens. Frankfurt am Main 1988 (OA., frz.: 1969).

Kristeva, Julia: Die Revolution der poetischen Sprache. Frankfurt am Main 1978 (OA., frz.: 1974).

Baudrillard, Jean: Der symbolische Tausch und der Tod. München 1991 (siehe insbes.: S. 90 f., 97, 112–119) (OA., frz.: 1976).

Virilio, Paul: Fahrzeug. In: ders.: Fahren, fahren, fahren … Berlin 1978 (OA., frz.: 1975).

Virilio, Paul: Krieg und Kino. Logistik der Wahrnehmung. München 1986 (OA., frz.: 1984).

Virilio, Paul: Die Sehmaschine. Berlin 1989 (OA., frz.: 1988).

Deutschland, 80er

Kittler, Friedrich A.: Aufschreibesysteme 1800/1900. München 1985.

Kittler, Friedrich: Grammophon, Film, Typewriter. Berlin 1986.

Flusser, Vilém: Für eine Philosophie der Fotografie. Göttingen 1983.

Flusser, Vilém: Ins Universum der technischen Bilder. Göttingen 1985.

Flusser, Vilém: Die Schrift. Hat Schreiben Zukunft? Göttingen 1987.

90er

Debray, Régis: Media Manifestos. On the Technological Transmission of Cultural Forms. London/NY 1996 (OA., frz. : 1994).

Luhmann, Niklas: Die Realität der Massenmedien. Opladen 1996 (OA.: 1995).

Mattelart, Armand: The Invention of communication. Minneapolis/London 1996 (OA., frz.: 1994).

Peters, John Durham: Speaking into the Air. A History of the Idea of Communication. Chicago/London 1999.

Sprache, Oralität, Schrift, Druck

Goody, Jack; Watt, Ian; Gough, Kathleen: Entstehung und Folgen der Schriftkultur. Frankfurt am Main 1991 (OA.: 1968).

Ong, Walter J.: Oralität und Literalität. Die Technologisierung des Wortes. Opladen 1987 (OA., am.: 1982).

Havelock, Eric A.: Als die Muse schreiben lernte. Frankfurt am Main 1992 (OA., am.: 1986).

Giesecke, Michael: Der Buchdruck in der frühen Neuzeit. Eine historische Fallstudie über die Durchsetzung neuer Informations- und Kommunikationstechnologien. Frankfurt am Main 1991.

Schmandt-Besserat, Denise: Before Writing. Vol. 1: From Counting to Cuneiform. Austin 1992.

Haarmann, Harald: Universalgeschichte der Schrift. Frankfurt/NY 1991.

Bilder, Fotografie und Film

Münsterberg, Hugo: Das Lichtspiel. Eine psychologische Studie. Wien 1996 (OA., am.: 1916).

Balázs, Béla: Der sichtbare Mensch oder die Kultur des Films. In: ders.: Schriften zum Film, Bd. 1, München/Budapest 1982, S. 43–143 (OA.: 1924).

Panofsky, Erwin: Die Perspektive als symbolische Form. In: ders.: Aufsätze zu Grundfragen der Kunstwissenschaft. Berlin 1985, S. 99–168 (OA.: 1924).

Wertheimer, Max: Über Gestalttheorie. Berlin 1925.

Bazin, André: Ontologie des fotografischen Bildes. In: ders.: Was ist Kino? Bausteine zur Theorie des Films. Köln 1975, S. 21–27 (OA., frz.: 1945).

Morin, Edgar: Der Mensch und das Kino. Stuttgart 1958 (OA., frz.: 1956).

Kemp, Wolfgang; Amelunxen, Hubertus v. (Hg.): Theorie der Fotografie. 4 Bde., München 1999.

Stiegler, Bernd: Theoriegeschichte der Fotografie. München 2006.

Bordwell, David; Staiger, Janet; Thompson, Kristin: The Classical Hollywood Cinema. Film Style and Mode of Production to 1960. London 1985.

Monaco, James: Film verstehen. Kunst, Technik, Sprache, Geschichte und Theorie des Films. Hamburg 1988 (OA., engl.: 1977).

Mitchell, W. J. T.: Iconology. Image, Text, Ideology. Chicago/London 1986.

Engell, Lorenz: Vom Widerspruch zur Langeweile. Logische und temporale Begründungen des Fernsehens. Frankfurt am Main 1989.

Adelmann, Ralf u. a. (Hg.): Grundlagentexte zur Fernsehwissenschaft. Konstanz 2001.

Computer, Formalsprachen, Formalisierung

Shannon, Claude E.; Weaver, Warren: Mathematische Grundlagen der Informationstheorie. Wien 1976, S. 16 (OA., am.: 1949).

Vannevar Bush: As We May Think. Dt./engl. Fassung, Auszug und Kommentar. In: Formdiskurs. Nr. 2, I/1997, S. 136–147 (OA., am.: 1945).

Nelson, Theodor H.: Computer Lib – Dream Machines. Michigan 1983 (OA.: 1974).

Krämer, Sybille: Symbolische Maschinen. Die Idee der Formalisierung in geschichtlichem Abriss. Darmstadt 1988.

Flusser, Vilém: Die Auswanderung der Zahlen aus dem alphanumerischen Code. In: Matejovski, Dirk; Kittler, Friedrich (Hg.): Literatur im Informationszeitalter. Frankfurt/NY 1996, S. 9–14.

Ifrah, Georges: Universalgeschichte der Zahlen. Frankfurt/NY 1991 (OA., frz.: 1981).

Rötzer, Florian (Hg.): Digitaler Schein. Ästhetik der elektronischen Medien. Frankfurt am Main 1991.

Coy, Wolfgang (Hg.): Sichtweisen der Informatik. Braunschweig 1992.

Heintz, Bettina: Die Herrschaft der Regel. Zur Grundlagengeschichte des Computers. Frankfurt /NY 1993.

Bolz, Norbert; Kittler, Friedrich; Tholen, Christoph (Hg.): Computer als Medium. München 1994.

Plant, Sadie: Nullen und Einsen. Digitale Frauen und die Kultur der neuen Technologien. Berlin 1998 (OA., am.: 1997).

Manovich, Lev: Database as a Symbolic Form. In: Convergence 1999, Bd. 5, Heft. 2, S. 80–99.

Post, Netze, Telekommunikation

Knies, Karl: Der Telegraph als Verkehrsmittel. Über den Nachrichtenverkehr überhaupt. München 1996 (OA.: 1857).

Czitrom, Daniel J.: Media and the American Mind. From Morse to McLuhan. Chapel Hill 1984 (OA.: 1982).

Flichy, Patrice: Tele. Geschichte der modernen Kommunikation. Frankfurt/NY 1994 (OA., frz.: 1991).

Siegert, Bernhard: Relais. Geschicke der Literatur als Epoche der Post 1751–1913. Berlin 1993.

Barkhoff, Jürgen; Böhme, Hartmut; Riou Jeanne (Hg.): Netzwerke. Eine Kulturtechnik der Moderne. Weimar/Wien 2004.

Beyrer, Klaus; Andritzky, Michael (Hg.): Das Netz. Sinn und Sinnlichkeit vernetzter Systeme. Frankfurt am Main 2002.

Technik, Medientechnik

Kapp, Ernst: Grundlinien einer Philosophie der Technik. Düsseldorf 1978 (OA.: 1877).

Giedion, Sigfried: Die Herrschaft der Mechanisierung. Ein Beitrag zur anonymen Geschichte. Frankfurt am Main 1987 (OA., am.: 1948).

Heidegger, Martin: Die Technik und die Kehre. Stuttgart 2002 (OA.: 1950).

Gehlen, Arnold: Die Seele im technischen Zeitalter. Reinbek 1975 (siehe insbes. S. 7–35) (OA.: 1949/57).

Mumford, Lewis: Mythos der Maschine. Kultur, Technik und Macht. Frankfurt am Main 1981 (OA., am.: 1964/66).

Williams, Raymond: The Technology and the Society. In: Bennett, Tony (Hg.): Popular Fiction. London/NY 1990, S. 8–22 (OA., engl.: 1974).

Haraway, Donna: Ein Manifest für Cyborgs. In: dies.: Die Neuerfindung der Natur. Primaten, Cyborgs und Frauen. Frankfurt am Main 1995, S. 33–72 (OA., am.: 1985).

Agentur Bilwet: Wetware heute. In: dies.: Medien Archiv. Bensheim/Düsseldorf 1993, S. 152–163 (OA., nl.: 1992).

Kittler, Friedrich A.: Protected Mode. In: ders.: Draculas Vermächtnis. Leipzig 1993, S. 208–224.

Kittler, Friedrich A.: Es gibt keine Software. In: ders.: Draculas Vermächtnis. Leipzig 1993, S. 225–242.

Latour, Bruno: Der Berliner Schlüssel. Erkundungen eines Liebhabers der Wissenschaften. Berlin 1996 (OA., frz.: 1993).

Latour, Bruno: Reassembling the Social. An Introduction to Actor-Network-Theory. Oxford 2007.

Zeichentheorie, Semiotik

Peirce, Charles S.: Phänomen und Logik der Zeichen. Frankfurt am Main 1983 (OA., am.: 1903).

Peirce, Charles S.: Neue Elemente. In: ders.: Naturordnung und Zeichenprozess. Frankfurt am Main 1991 (OA., am.: 1904).

de Saussure, Ferdinand: Grundfragen der allgemeinen Sprachwissenschaft. Berlin 1967 (OA., frz.: 1916).

Cassirer, Ernst: Philosophie der symbolischen Formen. 3 Bde., Darmstadt 1977 (OA.: 1923/25/29).

Bühler, Karl: Sprachtheorie. Die Darstellungsfunktion der Sprache. Jena 1934.

Langer, Susanne K.: Philosophie auf neuem Wege. Das Symbol im Denken, im Ritus und in der Kunst. Frankfurt am Main 1965 (OA., am.: 1942).

Barthes, Roland: Mythen des Alltags. Frankfurt am Main 1981 (siehe insbes. S. 85–151) (OA, frz.: 1957).

Barthes, Roland: Rhetorik des Bildes. In: ders.: Der entgegenkommende und der stumpfe Sinn. Frankfurt am Main 1990, S. 28–46 (OA., frz.: 1964).

Eco, Umberto: Zeichen. Einführung in einen Begriff und seine Geschichte. Frankfurt am Main 1977 (OA., it.: 1973).

Lyons, John: Semantik. Bd. 1 u. 2, München 1980 (OA., am.: 1977).

Bentele, Günter (Hg.): Semiotik und Massenmedien. München 1981.

Hall, Stuart: Encoding, Decoding. In: During, Simon (Hg.): The Cultural Studies Reader. New York/London 1993, S. 90–103 (OA.: 1980).

Miller, George A.: Wörter. Streifzüge durch die Psycholinguistik. Heidelberg 1993 (OA., am.: 1991).

Eco, Umberto: Die Suche nach der vollkommenen Sprache. München 1997 (OA., it.: 1993).

Speicher/Gedächtnis

Halbwachs, Maurice: Das Gedächtnis und seine sozialen Bedingungen. Frankfurt am Main 1985 (OA., frz.: 1925).

Bartlett, Frederic C.: Remembering. A Study in Experimental and Social Psychology. Cambridge 1995 (OA.: 1932).

Leroi-Gourhan, André: Hand und Wort. Die Evolution von Technik, Sprache und Kunst. Frankfurt am Main 1988 (OA., frz.: 1964).

Yates, Frances A.: Gedächtnis und Erinnern. Mnemonik von Aristoteles bis Shakespeare. Weinheim 1991 (OA., engl.: 1966).

Assmann, Aleida: Zur Metaphorik der Erinnerung. In: dies.; Harth, Dietrich (Hg.): Mnemosyne. Formen und Funktionen der kulturellen Erinnerung. Frankfurt am Main 1991, S. 13–35.

Assmann, Aleida: Exkarnation. Gedanken zur Grenze zwischen Körper und Schrift. In: Huber, Jörg; Müller, Alois Martin (Hg.): Raum und Verfahren. Basel/Frankfurt 1993, S. 133–155.

Assmann, Jan: Stein und Zeit. Das ›monumentale‹ Gedächtnis der altägyptischen Kultur. In: ders.; Hölscher, Tonio (Hg.): Kultur und Gedächtnis. Frankfurt am Main 1988, S. 87–114.

Assmann, Jan: Stein und Zeit. Mensch und Gesellschaft im alten Ägypten. München 1991.

Esposito, Elena: Soziales Vergessen. Formen und Medien des Gedächtnisses der Gesellschaft. Frankfurt am Main 2002 (OA., it.: 2002).

Das Unbewusste

Hofmannsthal, Hugo von: Der Ersatz für die Träume. In: Kaes, Anton (Hg.): Kino-Debatte. Texte zum Verhältnis von Literatur und Film 1909–1929, Tübingen 1978, S. 149–152 (OA.: 1921).

Freud, Sigmund: Die Traumdeutung. Studienausgabe, Bd. 2, Frankfurt am Main 1980 (OA.: 1900).

Freud, Sigmund: Notiz über den ›Wunderblock‹. In: Studienausgabe, Bd. III, Frankfurt am Main 1975, S. 363–369 (OA.: 1925).

Lacan, Jacques: Das Spiegelstadium als Bildner der Ichfunktion. In: ders.: Schriften. Bd. 1, Olten 1973, S. 61–70 (OA., frz.: 1949).

Lacan, Jacques: Das Drängen des Buchstabens im Unbewussten oder die Vernunft seit Freud. In: ders.: Schriften. Bd. 2, Olten 1975, S. 15–55 (OA., frz.: 1957).

Mulvey, Laura: Visuelle Lust und narratives Kino. In: Nabakowski, Gislind u. a. (Hg.): Frauen in der Kunst. Bd. 1, Frankfurt am Main 1980, S. 30–46 (OA., engl.: 1973–75).

Baudry, Jean-Louis: Das Dispositiv. Metapsychologische Betrachtungen des Realitätseindrucks. In: Psyche. Zeitschrift für Psychoanalyse und ihre Anwendungen. 48. Jg., Nr. 11, November 1994, S. 1047–1074 (OA., frz.: 1975).

Metz, Christian: The Imaginary Signifier. Bloomington 1982 (OA., frz.: 1973–76).

Butler, Judith: Das Unbehagen der Geschlechter. Frankfurt am Main 1991 (OA., am.: 1990).

Glossar

Abakus Rechenbrett, meist Holzrahmen mit Kugeln auf Drähten

Absenz Abwesenheit

Algorithmus Rechenvorschrift

Allegorie, allegorisch Darstellung eines abstrakten Begriffs in einem Bild, oft mit Hilfe einer Personifikation

Anthropologie, anthropologisch auf den Menschen bezogen; Wissenschaft vom Menschen

Artikulation Formulierung; ursprüngl.: Formung der Laute beim Sprechen; dann: Formgebung allgemein

bilateral Beziehung/Interaktion zwischen zwei Partnern

Call-in Radio- oder Fernsehsendung mit der Möglichkeit, im Studio anzurufen.

Cherub wachender Engel

Code sprachliches System, symbolisches System allgemein

Content inhaltliche Ebene der Medien, Inhalt der Botschaft

Court Show TV-Sendung mit einer inszenierten Gerichtsverhandlung

Desktoppublishing Erstellung von druckfertigen Vorlagen am PC

Diskurs Gesamtheit aller Äußerungen und Texte zu einem jeweils bestimmten geschichtlichen Zeitpunkt; der Begriff wurde schrittweise erweitert und bezieht inzwischen Bilder und andere Artefakte ein; bei Foucault schließlich auch Architektur und Technik.

dispers räumlich verteilt

distinkt unterschieden, getrennt

elaboriert ausgestaltet, ausgearbeitet

Environment Umgebung

exemplarisch beispielhaft

explizieren erklären, explizit machen

Extension, Körperextension Verlängerung des Körpers

force feedback Datenausgabe, die den körperlichen Widerstand z. B. von Objekten simuliert.

Format feste Form, Geformtes, Genormtes

fraktal natürliche oder künstliche Gebilde oder geometrische Muster, die einen hohen Grad von Selbstähnlichkeit aufweisen. Das ist beispielsweise der Fall, wenn ein Objekt aus mehreren verkleinerten Kopien seiner selbst besteht; das bekannteste fraktale Objekt ist das sogen. ›Apfelmännchen‹, eine Visualisierung der Mandelbrotmenge.

Gatekeeper   Tor- oder Schrankenwärter; Metapher für die Macht der Medien(-macher), Inhalte und den Zugang zu den magischen Kanälen zu steuern.

Glossar   Wörterverzeichnis, -erklärung

GPS   Global positioning system; satellitengestütztes System zur Feststellung der genauen geographischen Position.

habitualisiert   durch Gewöhnung verfestigt

Hardware   ursprünglich: Eisenwaren; technisch-physikalische Teile eines Computers, dann auch anderer Medien.

implizit   mitenthalten, mitgemeint; häufig im Gegensatz zu ausdrücklich

inkommensurabel   einzeln, unvergleichbar

Interdikurs   derjenige Diskurs, der alle Spezialdiskurse verbindet.

intersubjektiv   im sozialen Raum; verschiedenen Personen gemeinsam

intertextuell   Bezug eines Textes/Werkes auf andere

involviert, Involvement   eingebunden, einbezogen, häufig: emotionale Anteilnahme

Inzisionen   Einschnitte, Kerben

konnotieren, Konnotation   Nebenbedeutung, Teilbedeutung; oft: emotional, wertend

Kopräsenz, kopräsent   gleichzeitig vorhanden

Liturgie   festgelegter Ablauf z. B. von Gottesdiensten

Metapher   übertragene Bedeutung

Mnemotechnik   Technik, Dinge im Gedächtnis zu behalten, gezieltes Training der Erinnerung (Rhetorik).

MUD   Multi User Dungeon, Computerspiel im Internet, das mehrere Spieler gleichzeitig nutzen.

Narration   Erzählung

Niederlegung   allg. Begriff für schriftliche oder materielle Fixierung

normativ   Normen setzend

opak   undurchsichtig

Oralität, oral   schriftlose Gesellschaft mit mündlicher Traditionsbildung

performativ   Handlungsaspekt sprachlicher Äußerungen; Handlung, die durch sprachliche Äußerungen vollzogen wird.

Pioneer 10   Raumsonde, die 1972 mit unbekanntem Ziel in die Tiefe des Weltraums geschickt wurde; sie führte eine Bildtafel mit, die Außerirdischen in möglichst universellen Zeichen ihren menschlichen Ursprung erklären sollte. 1997 wurde die Mission für beendet erklärt; die Raumsonde hatte mehr als 10 Milliarden Kilometer zurückgelegt; ein Radiosignal zur Erde benötigte knapp 10 Stunden. Die Sonde fliegt auch nach Beendigung der Mission weiter.

Plot   Handlung in einem Erzählmedium

Präsens   Gegenwart

Präsenz   Anwesenheit

Progression   Begriff der Psychoanalyse: Voranschreiten auf dem Weg der persönlichen Entwicklung; Druck bestimmte Stadien zu erreichen; Druck zu Aktivität und Lebensbewältigung; Gegenbegriff: Regression

Projektion, projektiv   Begriff der Psychoanalyse: innere Zustände (Wünsche, Angst, Lust) werden auf äußere Gegenstände oder Personen übertragen

Prometheus, prometheisch   Figur des griechischen Mythos

Redundanz   ursprünglich: Überreichlichkeit, Üppigkeit; davon abgeleitet: mehrfaches Vorhandensein derselben Information oder Struktur

Referenz   Bezug der Zeichen auf die Welt

Regression   Begriff der Psychoanalyse: Rückkehr zu überwundenen Stadien der Entwicklung; zentral in der psychoanalytischen Wunschtheorie, die davon ausgeht, dass Wünsche immer auf die Wiederholung vergangener Befriedigungserlebnisse abzielen.

Relais   Übergabestation, ursprünglich ein Platz zum Wechseln der Postpferde; technisch ein elektromechanischer Schalter

Repräsentation   Vertretung

resonieren   mitschwingen, miterklingen

reversibel   umkehrbar, rückgängig zu machen

Rezipient/in   Empfänger/in, Zuschauer/in, Leser/in

Reziprozität   Wechselseitigkeit; aufeinander verwiesen sein

Ritus   festgelegte Abfolge religiöser Handlungen, Zeremoniell

Semantik, semantisiert   Lehre von der Bedeutung der Zeichen

Semiose   Gesamtheit der Zeichenprozesse; wichtig ist der Zeitaspekt: Der Begriff fragt nach der Entstehung, Veränderung und Zerstörung von Zeichen.

Semiotik   Lehre von den Zeichen

Signifikant   materielle Seite des Zeichens

smartmobs   spontane und kurzfristige ›Zusammenrottungen‹ für politische oder künstlerische Zwecke

Spyware   Programme, die Computerbesitzer ohne deren Wissen ausforschen

sympraktisch   in gemeinsamer Praxis weitergegeben (z. B. Handwerk)

symptom approach   Betrachtung der Technik als Symptom sozialer Prozesse

technological determinism   Technologischer Determinismus; These, dass die Technologie den Raum des Sozialen bestimmt

Token   Zähl- und Rechensteine aus Ton in Mesopotamien (ab 8000 v. Chr.)

traffic   Verkehr

triggern   Auslösen eines Schaltvorgangs durch einen anderen

vibracall   Handy-Rufton durch Vibration

Zeitachsenmanipulation   Ist die Achse der Zeit in der Realerfahrung starr, kann sie innerhalb von Medien manipuliert werden; Beispiel: Filmschnitt.

Bildnachweis

S. 37 *Ferdinand de Saussure,* Grundfragen der allgemeinen
Sprachwissenschaft, Berlin 1967.

S. 93 © dpa/picture-alliance

S. 154 ©dpa/picture-alliance

S. 159 ©dpa/picture-alliance

S. 170 *Karl Bühler,* Sprachtheorie. Die Darstellungsfunktion der
Sprache, Jena 1934, S. 28.

S. 171 *Claude E. Shannon* und *Warren Weaver,* Mathematische
Grundlagen der Informationstheorie, München 1976,
S. 16.

S. 186 © dpa/picture-alliance

S. 197 *Friedrich A. Kittler,* Aufschreibesysteme 1800/1900,
München 1985, S. 238.

S. 226 © dpa/picture-alliance

S. 242 © *Bettina Flitner*

Index

[fette Seitenzahlen verweisen auf Haupteinträge, denen eine Seite gewidmet ist, kursive Seitenzahlen verweisen auf die Anmerkungen.]